鹿嶋 敬
Takashi Kashima

なぜ働き続けられない？

社会と自分の力学

Eurus
Notus
Boreas
Zephyrus

岩波新書
1756

はじめに

働く女性に「活躍」とか、あるいは活躍に類する言葉が形容表現としてついてまわったのは、この三十数年間に二回ほどあったと思っている。

第一波は男女雇用機会均等法の制定(一九八五年)、施行(一九八六年)前後である。当時、「活躍」を求める熱い声の発信者は女性だった。男女が職場で均等に処遇され、女性が男性と対等に仕事ができる時代の到来——均等法が施行になればそういう時代が来ると願い、法案策定の事務局である旧労働省の周りを女性たちがズラリと取り囲み、いい法律を作ってほしいといっせいにシュプレヒコールをあげる。新聞記者として均等法制定関連の取材をしていた私は、その熱気に圧倒される思いだった。

当時は、活躍という言葉は使われなかった。企業の人事担当者や使用者が使ったのは「活用」である。ただし活用については、人材をモノ扱いにしているのではないかという批判が一部にあった。その点、活躍には見下すような差別的なニュアンスはない。

では二回目はいつかといえば、現在である。安倍政権が標榜《ひょうぼう》する一億総活躍時代にあって、成長戦略の一環として女性の活躍が注目されている。その発信者は第一波と異なり、政府であり、事業主である。労働力不足を懸念し、女性は「我が国最大の潜在力」といった賞賛の言葉が公の文書に踊る。

第一波の発信者がなぜ女性だったかといえば、女子差別撤廃条約の批准《ひじゅん》(一九八五年)やそれにもとづく国内法の整備(均等法の制定もその一環)など、かつてないほど男女平等の機運が高まっていた時代状況ゆえである。職場では補助労働力として男性社員の後塵《こうじん》を拝してきた女性たちが均等法の制定、そして施行後に夢を託した。

一方、経済界は女性保護規定を盾《たて》に男女を平等に処遇することに二の足を踏み、使用者は一定年齢で女性が辞めることを前提にできていた給与や退職金のシステムをどう見直すかで混迷を深めていた。均等法の制定前後に誕生した人事管理制度に、社員を総合職と一般職にわけるコース別雇用管理制度があるが、これなども男女別管理が禁止になったことで、一部企業はそれを隠ぺいするために利用したと私は思っている。

均等処遇を、と社会に発信し続けた女性たちのその後はどうだったのか。結論から言えば、均等法ショックという言葉が、〝その後〟を言い当てている。女性たちが期待した職場の男女平等は到来しなかった、という虚脱感が、この言葉に秘められている。

第二波の現在は、先に述べたように、女性が活躍できる社会づくり、職場づくりの発信者は、政府や事業主、言葉を変えれば男性側である。

それについての女性たちの受け止め方は、きわめて冷静だ。地方自治体の女性管理職は、どうせ女性は労働力不足の補完要員なのでしょ、と言い切った。むろん一部の総合職女性には女性活躍推進のスポットライトが当たっているが、メディアの調査などを見るかぎり、女性の活躍が進んだと実感する女性は少数派である。特に一般職の女性や非正規雇用の女性は必ずしも注目されているわけではないので、「私たちは活躍の対象外」と考える人も少なくない。

では、どうすれば男女が職場で対等な関係を築き、女性も仕事にやりがいを見出せる社会が実現するのだろうか。相変わらず男性は正社員、女性の多くは非正社員であり続けることが、女性活躍推進の本質ではないはずである。

この本は働く場での男女平等の流れをたどりつつ、固定的な性別役割分担意識（夫は外で働き、妻は家庭を守るべきという意識）の解消や、男女共同参画の視点の浸透を図ることの大切さなどをさまざまな場面で述べながら、直面する課題を分析する。第二波の女性活躍推進時代の影の部分、貧困や男女間格差にもスポットを当てていきたい。

こうした社会の構築が難問であることは否定しない。新聞記者時代、国の男女共同参画会議議員も兼務した大学教員時代、そして現在の一般財団法人女性労働協会時代と、ずいぶん長い間、私は均等な処遇や男女共同参画社会の形成、女性活躍推進の理念の浸透などを仕事のテーマにしてきただけに、そのむずかしさはいやというほど肌に感じてきた。だからこそ、年齢的に人生の先が見えてきたいま、経験や体験をベースに、職場を中心にした男女平等論を展開しておきたい。

難問である理由の一つは、「固定的な性別役割分担」という名の壁の厚さである。男は仕事、女は家庭。この半世紀、社会も、そして私自身もそれをどう揺り動かすか、解消するかに腐心してきたが、その厚みに寄り切られてしまうのである。「社会」と「自分」という両者間の力学をどう考え、どう乗り越えればいいのか。

この本のタイトルには、そんな問題意識が込められている。女性の活躍第一波、第二波と流れをたどりながら、このことを考えてみたい。

二〇一九年初春

鹿嶋　敬

目次

I　いま、起きていること

1　男女共同参画と女性活躍推進のはざまで

部署名が変わる

三六年間の新聞記者時代は、女性の生き方や男女雇用機会均等法(均等法)の施行前後の取材を基盤にして記事を書いてきた。雇用平等法(法案ができる前は、均等法はこう呼ばれた)ができれば世の中が変わる、と信じた女性たちの熱気を十分に感じ取りながら。次の大学教員時代の一〇年間は、国の男女共同参画社会の形成にかかわり、第1次から第4次男女共同参画基本計画の策定や、男女共同参画行政の「監視」(男女共同参画社会基本法第二二条四項にもとづく行動)などをおこなってきた。そして現在(二〇一八年時点)は、政府の委託事業である女性の就業支援や活躍推進事業、自主事業であるファミリー・サポート事業などを展開している。

男女雇用機会均等法、男女共同参画社会基本法、女性活躍推進法(表I―1)と、男女平等の社会、職場の形成に絡む三つの法律にかかわって仕事をしてきたわけだが、それぞれの転換点、例えば新たな法律ができたあとの混乱した(少なくとも私にはそのように映った)状況も体験してきた。

表 I-1　男女平等に関連する法律

|均等|

男女雇用機会均等法（1985 年制定，86 年施行）

正式名　雇用の分野における男女の均等な機会及び待遇の確保等に関する法律

法の目的　雇用の分野の男女の均等な機会及び待遇の確保を図るとともに，女性労働者の就業に関して妊娠中，出産後の健康の確保を図る等の措置を推進する

|参画|

男女共同参画社会基本法（1999 年制定，施行）

正式名　上に同じ

法の目的　男女共同参画社会の形成を総合的かつ計画的に推進する

|活躍|

女性活躍推進法（2015 年制定，施行．ただし，一般事業主の行動計画の策定等を定めた第 8 条以降は一部を除き，16 年施行．26 年 3 月末までの時限法）

正式名　女性の職業生活における活躍の推進に関する法律

法の目的　男女共同参画社会基本法の基本理念にのっとり，女性の職業生活における活躍の推進について基本原則を定め，女性の職業生活における活躍を迅速かつ重点的に推進して，男女の人権が尊重される豊かで活力ある社会を実現する

ここでは、現在の、男女共同参画と女性活躍が絡んだ混乱を取り上げてみよう。じつは、両者が角突き合わせるような場面が生じている。優勢なのは後者、押され気味なのが前者、というのが私の印象である。

その一例が、地方自治体の関連部署の呼称の変化である。四七都道府県中、部署名を女性活躍関連の呼称に変更した、あるいは男女共同参画と女性活躍推進を併記《へいき》した自治体は、一〇を数える（「地方公共団体

における男女共同参画社会の形成又は女性に関する施策の推進状況」内閣府男女共同参画局、二〇一七年一二月)。

例えば、「未来創造部次世代・女性活躍支援課」「総合政策局少子化対策・県民活躍課」「総合政策部ふるさと県民局女性活躍推進課」「健康福祉部子ども・女性局女性の活躍推進課」「環境生活部ダイバーシティ社会推進課」「商工観光労働部女性活躍推進課」「健康福祉部子ども・女性局女性活躍推進課」「元気づくり総本部元気づくり推進局女性活躍推進課」「男女参画・こども局男女参画・女性の活躍推進課」「県民生活部男女参画・女性活躍推進室」——という具合だ。

ただし二〇政令都市のなかで、男女共同参画関連部署の名前に「活躍」を入れた市はない。「女性が輝く」を冠した市は二市(「女性が輝くまちづくり推進課」「女性の輝く社会推進室」)あり、ほかに「ダイバーシティ推進室男女共同参画課」という呼称の市もある。

市町村は三市(「女性活躍促進課」、「女性活躍推進室」、「女性活躍支援課」)だけ。「輝く」を呼称に盛り込んだ市も三例あるが、ほかは男女共同参画課、人権政策課、総務課、生涯学習課などの伝統的な呼称である。

経済政策と位置づける限界

従来通り、男女共同参画関連の呼称を維持している自治体でも、担当者は女性の活躍推進が注目されていることを実感している。地域で活躍する女性を表彰する、女性の活躍を推進する企業のトップを招いて講演会などのセミナーを開催する――。こういった企画は条件さえ整えば、国の交付金を利用できる。政府が力を入れているため、女性の活躍を、自治体をあげて推進するケースもある。

一方で男女共同参画関連の課題である審議会や委員会への女性の登用は、その割合が下がり続けている自治体もある。

男女共同参画の担当者も、数年経つと人事異動で後任に仕事を引き継いでいく。イロハから仕事を学ぶ後任の担当者のなかには、女性の活躍こそが男女共同参画社会の形成のゴールだと認識する職員もいる。手段と目的が逆転してしまうのである。実際、私が会ったなかにも、そう主張する人がいた。

そして女性の活躍推進を、経済政策だと考えるのである。それは当然だ。安倍総理自らが、「従来のように社会政策としてではなく、私は経済政策の重要な柱の一つと位置づけています」(「安倍晋三　アベノミクス第二章起動宣言」『文藝春秋』二〇一四年九月号)と述べている。

女性の活躍推進関連を経済政策とする事例は、過去にもあった。旧民主党は二〇一二年六月に「『女性の活躍促進による経済活性化』行動計画〜働くなでしこ大作戦」をまとめた。タイトルからもわかるように、こちらも経済政策である。

だが、それを経済政策とだけ位置づけるのは限界があることを示したのが、二〇一八年四月にメディアを賑わせた財務省トップの〝セクハラ疑惑〟だった。取材に来た女性記者に性的な発言をしたことに対し、政財官界関係者らが発したコメントは、政府の重要課題である女性の活躍をどのように考えているのか、あるいは市民がどう受け止めればいいのか、疑問符がつくものだった。

「深夜に女性記者を一人で取材に行かせるのが問題だ」「男性の記者に替えればいい」といった趣旨の発言は、政財官界の一部が依然として男性社会であることを物語ると同時に、女性の活躍推進が、結局は労働力不足を解消するためのキャンペーンでしかないのではないか、という疑念を抱かせた。

変化の兆し

二〇一八年四月以降の一連の〝セクハラ疑惑〟を受け、女性活躍推進の政策にも変化の兆しがみえたことも指摘しておきたい。

総理大臣が本部長を務める、「すべての女性が輝く社会づくり本部」が二〇一五年から公表している「女性活躍加速のための重点方針」の2018年版(二〇一八年六月)は、三部で構成されている。そのトップを飾ったのが、「女性の活躍を支える安全・安心な暮らしの実現」である。セクシュアル・ハラスメントや性暴力の根絶、ひとり親家庭への支援、子どもの貧困対策の支援など、人権などに配慮した構成になっており、柱の一つとして初めて「セクシュアル・ハラスメントの根絶に向けた対策の推進」が盛り込まれたのも、特徴の一つだ。

第Ⅱ部が女性の活躍推進をまとめた「あらゆる分野における女性の活躍」、第Ⅲ部は待機児童の解消など「女性活躍のための基盤整備」となっているが、「安全・安心な暮らしの実現」が第Ⅰ部におかれたのは2018年版が初めてである。

2016年、2017年版では、「安全・安心な暮らしの実現」は三部構成の二番目。初めて「重点方針」が示された2015年版は五部構成から成るが、そのときは安全・安心関連の見出しがつくものはなかった。「女性活躍のための環境整備」と題する項目のなかで、マタニティ・ハラスメントなど職場における各種ハラスメントの撲滅や、女性に対する暴力根絶に向けた取り組みの推進に簡単に触れた程度である。

2017年版まで第I部だったのは、「あらゆる分野における女性の活躍」だった。〝セクハラ疑惑〟直後に出された2018年版はそれを第II部とし、第I部に人権政策に力点をおく「安全・安心な暮らしの実現」を持ってきたのは、ある女性閣僚の「現状は女性活躍以前の状況」というひとことがあったからなどの臆測が流れた。

男女共同参画社会基本法制定の三年前、一九九六年に旧総理府男女共同参画審議会が公表した男女共同参画ビジョンの書き出しはこうだ。「男女共同参画―それは、人権尊重の理念を社会に深く根づかせ、真の男女平等の達成を目指すものである」。〝セクハラ疑惑〟は、現状がその理念からはほど遠いことを示している。

世界の共通目標「ジェンダーの平等」

都道府県の担当部署の呼称が、男女共同参画から女性活躍に一部変更になったことについて、女性団体・グループなどから批判が出ているのも、根底には「男女共同参画は、今後どうなる?」という疑念があるからだ。

ある女性団体の代表は「「女性活躍」が男女平等や男女共同参画に取って代わったことにより構造的女性差別が見えなくなることが危惧される」とコラムに書いている。この団体は、一九九五年に北京で開催された国連主催の第四回世界女性会議で採択された北京宣言、北京行動綱領にもとづいて運動を展開してきただけに、いまの女性活躍推進策からは、北京行動綱領第一章にいう「ジェンダーの平等という世界の共通目標」が感じ取れないというのである（船橋邦子「二〇一八年を迎えて――これからの課題を考える」『マンスリー北京JAC』第二二一号、二〇一八年二月一日）。北京行動綱領が掲げるジェンダー平等の基盤は、ジェンダーの視点、すなわち人権尊重が大きなウエートを占めるが、それが感じられないというのが、女性活躍推進批判の根底にあるのだろう。

社会に浸透したのか

では男女共同参画は、女性活躍推進の一六年先輩（制定年）として十分に社会に浸透してきたかと言えば、判断がむずかしい。

若い世代には、「男女共同参画？　何それ」という反応も少なからずある。第4次男女共同参画基本計画の策定時にそれを痛感し、計画の「第一部　基本的な方針」には、男女共同参画に関する「世代を越えた男女の理解の下、……真に実効性のある取組が求められている」という言葉が入った。

性や世代を超えて、男女共同参画や女性の活躍推進などの理念を共有するのは、容易ではない。これらの問題に長くかかわってきた私の、実感である。

◇

一九八〇年代半ば以降の、男女平等に関する法律のキーワードを並べれば、「均等」「参画」「活躍」となる(前出表I—1)。それらの検討がこの本の課題であり、次ではまず、女性の活躍と男女共同参画との関連を掘り下げてみたい。

2 「参画」理念は息づいているか

男女の個人の尊厳

女性活躍推進法が論拠とした男女共同参画社会基本法の基本理念とは、第三条から七条までを指し、それは概略、次のようなものだ。

男女の人権が尊重され(第三条)、性別による固定的な役割分担等がない(第四条)こと。国、地方自治体、民間企業などあらゆる分野の方針決定等に男女双方が参画し(第五条)、家庭にあっては男女が相互に協力し、社会の支援を受けながら、家族の一員としての役割を果たす(第六条)。同時にこれらを国際的な協調の下に展開する(第七条)。

基本理念のなかでも特に重要なポイントが「男女の人権の尊重」(第三条)である。「男女共同参画社会を形成する上でその根底を成す基本理念であることから、五つある基本理念の最初のものとして第三条において掲げられている」(内閣府・男女共同参画基本法逐条解説)とされている。

男女の人権について第三条は、「男女の個人としての尊厳が重んぜられること」、「男女が性別による差別的取扱いを受けないこと」、「男女が個人として能力を発揮する機会が確保されること」の三点を例示し、さらに「その他の男女の人権」の尊重を規定している。具体的には、「生命、自由、幸福追求に対する権利や奴隷的拘束がなく政治信条の自由が確保されることなど」だ(前掲解説)。

女性の活躍は、これらの理念を背景に推進を図らなければならないが、一方で深刻な労働力不足という事情もある。「持続的成長を実現し、社会の活力を維持していく」には「我が国最大の潜在力である女性の能力をいかすことが不可欠」(「女性活躍加速のための重点方針2017」)というように、政府が女性を「我が国最大の潜在力」と持ち上げるのも、深刻な少子高齢化にともなう労働力不足が懸念されるからにほかならない。それが強調されればされるほど、一部の女性、女性団体は反発を強める。「私たちは労働力不足対策の単なるコマでしかないのか」と。

新聞社の調査(「働く女性2000人意識調査　上」『日本経済新聞』二〇一八年一月一五日)によれば、女性の活躍が進んだと実感する女性は二割止まり、六割は職場改革は進んでいないという答えだった。

安倍政権が女性の活躍推進を打ち出したのは、二〇一三年からである。二〇一二年一二月の衆議院選挙で民主党から自公連立へと政権交代があり、その翌年の二〇一三年六月に「日本再興戦略」を公表する。この戦略の「雇用制度改革・人材力の強化」のなかに、「女性の活躍推進」が盛り込まれていた。先に掲げた新聞社の調査記事が掲載されるまでに、それから四年半が経過したが、女性の活躍を実感する女性は五人に一人、という結果を、どう評価したらいいのだろうか。

固定的な性別役割分担

女性の活躍推進といっても、すぐに成果が出るわけではない。単に女性活躍を連呼、標榜しただけでは成果にはつながらない。私がインタビューをしたある女性は、こう言った。

「一般の女性社員は活躍と言われても、全然、燃えていない。女性、女性と言うより、男性中心型の会社全体のあり方を見直すことが先決ではないですか」

この女性が勤務する会社では、とにかく女性を管理職に抜擢するんだと、本人の意思も十分確認しないで、一人の女性を係長にした。当人は、それは自分の意思ではないと、辞める辞めないの騒ぎになったという。

ここで、改めて原点に戻る姿勢があっても、いいのではないかと思う。原点とは、女性活躍推進法第一条にいう「男女共同参画社会基本法の基本理念」が息づく女性の活躍のあり方の模索である。それは女性の活躍を、単に経済戦略という枠内で考えるだけで成し遂げられることではない。

同時に、女性活躍推進法第二条は固定的な性別役割分担意識を解消することに触れている。この点にも着目すべきだ。固定的な性別役割分担などを反映した職場の慣行が女性の働き方に及ぼす影響に配慮し、個性と能力が十分に発揮できるようにする――それが女性の活躍推進では大事なのだという第二条の指摘は重要である。

「仕事は男性領域だ」「女性は家のことをしっかりやればいい」。性によって役割が異なるというこのような考え方の延長線上にあるのが、男性正社員、女性非正社員という二重構造である。女性は家事や子育ての主たる担い手なので、会社勤務は早い時間に帰宅できるパート、派遣がいいといった発想が女性の処遇、あるいは女性の働き方にブレーキをかけている。

しかし、これほど解決がむずかしい課題もない。半世紀も前から国の審議会などを通じて性別役割分担の問題点が指摘され、解決の道を模索してきたが、いまだにこの国にしっかり根を張っている。この役割分担を揺り動かすことができれば女性の活躍推進も前進するが、現時点では根っこが深い分、むずかしさがある。

その結果、雇用の現場で何が生じているかといえば、山口一男シカゴ大学教授の言葉を借りれば、「固定的な役割分業に近い状態が労働市場にも存在し、その役割を超える女性の多様な潜在的才能は生かされることなく埋もれて」しまっている(「経済教室」『日本経済新聞』二〇一八年二月二〇日)。管理職が少ない、非正規雇用が多い、正規雇用であっても一般事務職が多い、専門職は社会福祉系など特定の分野に集中する、などの偏りが生じている。

固定的な性別役割分担は、暮らしのなかだけではなく、組織にも根づいている、という状況が続いているのである。

3　データから見る働く女性の実情

高い女性の非正規雇用比率

女性活躍のかけ声とは裏腹に、女性の非正規雇用比率が年を追うごとに高くなっている。

男女雇用機会均等法が制定された一九八五年に、非正規で働く女性の職員、従業員比率は雇用者全体を一〇〇とすると三二％だった。それが男女共同参画社会基本法が制定された翌年の二〇〇〇年には四六％に増えている。四割台に突入したのは、一九九七年からで、二〇〇三年には五割台に突入し、二〇〇五年は五二％。以来、今日に至るまで女性の非正規雇用比率は五割台がつづき、二〇一七年は五五・五％だった（労働力調査、労働力調査特別調査、総務省統計局）。

非正規の雇用者が多いといっても、年齢別に見るとバラツキがある。二五〜三四歳の女性の非正規雇用比率は二〇一五年までは四割台だったが、二〇一六年に三九・五％、一七年は三八・九％とわずかに四割を割った。一五〜二四歳でも、年々その比率が減少している（二〇一三年三七・一％、一七年三一・一％）。

それより上の年齢では、少し違う傾向をたどる。三五〜四四歳は一九九九年以降、ずっと五割台で、二〇一七年も五二・五％だった。四五～五四歳も五割台後半、といっても五九％前後とほとんど六割近くだが、時系列における変化はない。五五～六四歳は二〇〇三年までは五割台後半だったが、二〇〇四年からは六割台、二〇一七年は六七・六％だった。

こうしてみると、一〇代から三〇代半ばくらいまでの女性では、わずかだが正規雇用者が増えているが、それを活躍の兆しとするかどうかとなると、判断がむずかしい。

非正規雇用で働く人は、実数で見ると二〇一七年は男女あわせて二〇三六万人だが、うち女性は一三八九万人に達し、特に近年は中高年の増加が顕著だ。五五歳以上は二〇〇五年当時は約二三〇万人だったが、二〇一七年は約四二〇万人に達している。なかでも六五歳以上の女性は四一万人から一四六万人へと、三・五倍強に増えている。

少子化にともなう労働力不足で、非正規で働く高齢女性への依存度が高まっているとも言えよう。

一方で男性の一九八五年の非正規雇用比率は七％。一九九七年に一〇％台、二〇一三年には二〇％台となり、二〇一七年のそれは二二％だった。

女性の正規雇用比率は、二〇〇三年以来、四割台で推移しているのに対し、男性は一九九七年に九割台から八割台（八九・五％）に移行してはいるが、それ以来、現在に至るまで八割前後で推移を繰り返している。この調査結果はまさに、男は正社員、女は非正社員という性別役割分担が反映した労働市場の特質を言い当てている。

一人一人が個性と能力を発揮

ここで、政府のいう「女性の活躍とは何か」について、考察しておきたい。

――一人一人の女性が、その個性と能力を十分に発揮できること。女性の管理職比率の上昇は、女性の活躍の一側面を測るものではあるが、女性の活躍はそれだけではない。あらゆる職階や非正規雇用を含めたあらゆる雇用形態などで働く一人一人の女性が、その個性と能力を十分に発揮できること――。

女性活躍推進法にもとづく「事業主行動計画策定指針」が示す「女性の活躍」とは、概略このようなものである。

政府が二〇〇三年に、「社会のあらゆる分野において、二〇二〇年までに、指導的地位に女性が占める割合が、少なくとも三〇％程度になるよう期待する」という目標(「女性のチャレンジ支援策の推進について」)を掲げたこともあって、企業は女性管理職を増やすことに専心しがちだ。しかし、非正規雇用も含めた女性一人一人が「個性と能力を十分に発揮できる」ことが、女性活躍推進の基本的な考え方なのだと、この指針は示している。
とはいっても、である。これまで見てきたように、非正規雇用で働くのは圧倒的に女性が多い。彼女たちも「個性、能力」を十分に発揮できているかといえば、年齢や配偶者がいるかどうかなどで変わってくる。

二〇一六年パートタイム労働者総合実態調査(厚生労働省)によると、パートを選んだ理由は女性の場合、「自分の都合の良い時間(日)に働きたい」が六割を占め、「正社員として採用されなかった」(五・七%)、「正社員としての募集が見つからなかった」(一一・二%)は低い数字だ。

だが、年代別では差が生じている。二〇~二四歳女性は前者が一五・九%、後者が一二・二%、二五~二九歳は一三・四%、二一・七%と、ほかの年代よりも正社員志向が強かった。この層は未婚者が多いので、このような結果になるのであろう。しかし三〇代に入ると、パートを選んだ理由として、「家庭の事情(育児・介護等)」をあげる比率が高くなる(二五~二九歳が二一・三%に対し、三〇~三四歳は四五・五%。女性回答者の七六・四%は配偶者がいる)。

三〇代以上の女性も、シングルであれば状況は一変する。三五~五四歳の女性を調査対象にした「非正規シングル女性の社会的支援に向けたニーズ調査報告書」(二〇一六年、公益財団法人横浜市男女共同参画推進協会ほか)によると、非正規職に就いている理由のトップは「正社員として働ける会社がなかったから」(六一・七%)。調査対象者は「ひとり暮らし」と「同居者あり」がほぼ半々だったが、いずれにしても六割強が非正規で働くのが不本意な人だった。シングル女性は、年齢を重ねても、正社員志向が強いのである。だが、年齢が高いほど、非正規から正規への転換はむずかしくなる。

どのようにして正規雇用になったのか

独立行政法人労働政策研究・研修機構の「壮年非正規雇用労働者の仕事と生活に関する研究――正社員転換を中心として」(二〇一七年)は、調査時点(二〇一五年一二月)の五年前(二〇一〇年一二月)に三〇~三九歳だった非正規雇用者のどのような行動や経験が、その後、正規雇用になることに結びついたかを、過去五年間の軌跡から分析している。

それは男性、配偶者のいない女性、配偶者のいる女性のいずれにも共通するもので、「総じて若い人」「学歴が高い人」「初職が正社員の人」「現在の仕事と関連する職業資格取得のため勉強していた人」「ハローワークに通所していた人」「五年前に不本意非正規だった人」「勤務先から正社員登用の打診・誘いを受けた人」などだった。

私は、必ずしも既婚者かそうでないかによって、正社員への転換への道が開かれたり閉ざされたりするわけではないと思っている。例えば再就職に備えて勉強するとか、情報収集を欠かさない、といった行動が、結果的に正規雇用の扉が開くか否かに影響を及ぼすことになる。

シングルであれば、非正規でいる限りは、経済的にも苦しい。先の「非正規シングル女性の社会的支援に向けたニーズ調査」の結果では、三〇代半ばから五〇代半ばのシングル女性の年収は一五〇万円未満が三割弱、一五〇万〜二五〇万円が約四割、二五〇万円以上が三割強という状況だった。ちなみに彼女たちの半数強は、大学・大学院卒である。

月並みな表現だが、政府が女性の活躍推進を政策目標に掲げるのであれば、正規雇用を望む非正規の女性たちが頑張れば報われる形や制度を、社会的にいかにつくるかが、これからの課題になる。

経済的に不安定な人が増えれば、結婚にも影響を及ぼす。五〇歳時点で一度も結婚したことがない人の比率を示す生涯未婚率(国立社会保障・人口問題研究所が国勢調査から五年ごとに分析・報告)は、二〇一五年は男性が二三・三七%、女性は一四・〇六%で、いずれも過去最高だった。

「男性と同等の雇用環境を」

公益財団法人日本女性学習財団は二〇一七年度から出発、再出発をテーマに、「未来大賞」

のレポート募集を開始した。第一回未来大賞を受賞したレポートが「どうして私たちは輝けないのだろう」だった。筆者の菊池悦子さんは、四〇代前半の非正規で働くシングル女性である。「……生涯未婚率は上昇を続けているが、その原因は非正規雇用率の上昇と関連付けられる。非正規女性が出会う機会の多い異性もまた非正規であり、二人合わせても満足に暮らせない経済状況では結婚に踏み出せない。非正規雇用率の上昇は結婚するかしないか、子どもを持つか持たないか、といったライフイベントを選択する機会も多くの女性から奪っている」

「外で賃金を稼ぎ家計を担う男性がいて、主に家で家事を行う女性がいるのが「家庭」「家族」であり、女性が働くのは補助的な役目に過ぎない。だから男性ほどの賃金は女性には必要がない、とされてきた。しかし現在では、多くの女性が「家計の補助」程度の賃金でひとりで子どもを養わざるを得なくなっている。

どうか女性にも男性と同等の雇用環境が与えられる社会になって欲しい」（『We learn』二〇一八年三月号、公益財団法人日本女性学習財団）。

新たな転機を求めて筆者は三七歳で大学受験に向けて勉強を始め、三八歳で入学、二〇一七年時点では大学院進学を目指している。高校卒業後の約二〇年間、スーパーやデパートで非正規雇用の販売員として働いてきたシングル女性の、これは、なぜ輝けないのかを自問自答したうえでのチャレンジなのだろう。

非正規雇用を中心に、女性の活躍というかけ声と実際とのギャップを探ってきたが、パートなどで働く既婚女性のケースはそのままでいいのかといえば、そうではない。主たる稼ぎ手である夫がいるので「家計の補助」程度の働きだが、固定的な性別役割分担をどうするか、という視点に立てば問題は山積している。

一般職女性は「活躍」の対象外?

では、正規雇用はどのような状況になっているか。まず労働力調査(総務省統計局)から、みてみよう。

二〇一七年時点での男性正社員数は、二三一〇万人。過去にさかのぼると、二〇〇五年は二三五七万人、二〇一〇年は二三二四万人。二〇一三年から一六年は二二〇〇万人台だったが、二〇一七年は再び二三〇〇万人台に戻った。

女性正社員は、二〇一七年は一一一四万人。二〇〇五年は一〇一八万人、二〇一〇年一〇五一万人、二〇一六年では一〇八〇万人だったが、二〇一七年はついに一一一四万人に達した。この年の正社員全体に占める女性の割合は、三二・五%だった。

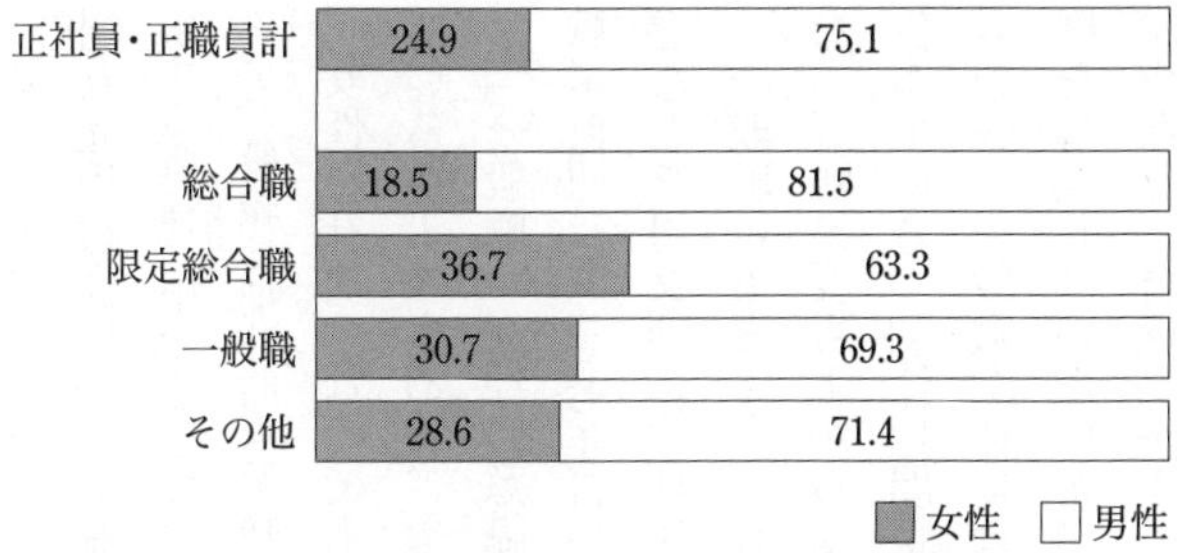

出典：2017 年度雇用均等基本調査（厚生労働省）

図 I–1　職種別正社員・正職員の男女比率

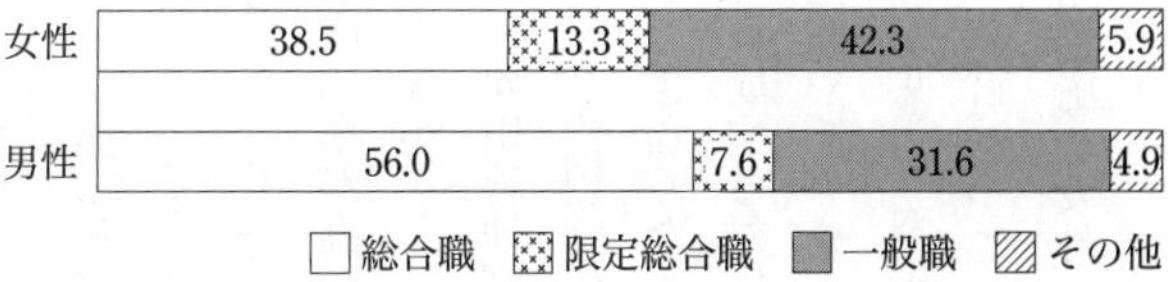

出典：図 1–1 と同じ

図 I–2　正社員・正職員の構成比

二〇一七年度雇用均等基本調査（厚生労働省）の結果はもう少し低く、正社員のなかの女性の割合は二四・九％（図I―1）。女性の正社員は全正社員の四人に一人、ほかの三人は男性という結果である。職種別にみると、総合職女性は総合職全体の二割弱（一八・五％）、五・四人に一人の割合でしかない。

女性正社員全体の構成をみれば、総合職女性は三八・五％、転勤などをともなわないケースもある限定総合職は一三・三％で、もっとも多いのは一般職の四二・三％だった（図I―2）。ちなみに男性総合職は、男性正社員の五六・〇％を占める（一般職は三一・六％）。

このように総合職、一般職などの区分けを「コース別雇用管理制度」といい、一九八五年の男女雇用機会均等法の制定前後から大手企業を中心に導入が進んだ（総合職は基幹的な業務に従事する職種。限定総合職は勤務する地域などを限定した総合職で、昇進も総合職に比較すれば限界がある。一般職は補助的な業務に従事する職種。Ⅱ章2参照）。

女性正社員のなかでもっとも構成比率が高い一般職社員は、女性活躍推進の対象外におかれているケースもある。なぜなのだろうか。

「「一般職」女性の意識とコース別雇用管理制度の課題に関する調査研究」（公益財団法人21世紀職業財団、二〇一七年）は、制度の導入が均等法の成立後に進んだのは、募集・採用、配置・昇進などを男女別に管理することができなくなったからだと指摘する。

一般職はもともと、社員として育成する対象ではなかったため、現在も、仕事の幅が広がらない、難易度も上がらない、生産性やモチベーションが低いと思われているなどのハンディを負っている。「女性活躍推進法への企業の対応を見ても、総合職女性の活躍は推進されているものの、一般職女性にはスポットが当たっていない企業が少なくない」。コース別雇用管理制度を導入していない企業でも、事務職の女性は一般職の女性と同様、「仕事が限定的で、異動が少なく、育成が不十分な場合が多い」。

表I-2　男女間の賃金格差

年齢階級	男			女		
	正社員・正職員	正社員・正職員以外	雇用形態間賃金格差（正社員・正職員＝100）	正社員・正職員	正社員・正職員以外	雇用形態間賃金格差（正社員・正職員＝100）
	賃金（千円）	賃金（千円）		賃金（千円）	賃金（千円）	
年齢計	348.4	234.5	67.3	263.6	189.7	72.0
20〜24歳	212.9	189.8	89.1	206.3	178.7	86.6
25〜29	252.0	209.6	83.2	232.5	191.3	82.3
30〜34	294.6	229.1	77.8	252.7	195.6	77.4
35〜39	331.2	230.7	69.7	269.4	196.8	73.1
40〜44	366.9	236.7	64.5	283.0	194.3	68.7
45〜49	404.9	239.2	59.1	295.1	191.9	65.0
50〜54	437.3	237.3	54.3	300.5	189.7	63.1
55〜59	428.7	245.9	57.4	293.3	185.9	63.4
60〜64	329.8	252.0	76.4	265.8	183.9	69.2
65〜69	291.4	227.7	78.1	264.9	178.2	67.3

出典：2017年賃金構造基本統計調査（厚生労働省）

もっと総合職女性が増えればいいのだが、現状では男女合わせた総合職全体の二割にも届かない。管理職に占める女性の割合も、課長相当職が九・三％、部長相当職にいたっては六・六％（二〇一七年度雇用均等基本調査、厚生労働省）と、いずれも一割台にも達していない。その一因は総合職女性の少なさ、あるいは事務職女性の多さにあるといえよう。

賃金に現れている格差

賃金にも男女間の格差が明確に現れている（表I―2）。

正社員の賃金は、二〇代では両者の差はあまり大きくない。二〇〜二四歳は、男性の月額が二一万円に対して女性は二〇万円。二五〜二九歳では、二五万円に対して二三万円と男女間の差は約二万円だが、年齢を重ねるほど、その差は広がる。三五〜三九歳となると男性三三万円、女性二七万円。四五〜四九歳では四〇万円、二九万円という具合だ。男性の場合は、管理職などの手当てや残業代が加算されることが大きいのだろう。

そのうえ、正規、非正規間の賃金格差も生じている。

女性の場合、正社員では二五〜二九歳の賃金が月額二三万円に対して、非正社員は一九万円と両者間の差は四万円だったが、四五〜四九歳では二九万円、一九万円と差は一〇万円に拡大する。

調査結果を見る限り、女性非正社員の月額は年齢を問わず一九万円前後で推移しており、二〇〜二四歳から六五〜六九歳までで、二〇万円を超えた年代は皆無だった(二〇一七年賃金構造基本統計調査、厚生労働省)。

男性発信型の制度

未来大賞を受賞した菊池悦子さんは受賞作で、「女性が働くのは補助的な役目に過ぎない」と書いている。一般職や事務職の仕事の一部を非正社員に委託する動きもあり、男性よりはるかに多くの女性が「補助的な役目」の渦中にいる。事業主も「女性は補助労働力」という発想から脱皮し、新たな育成、処遇を考える必要があるが、なかなか実現しない。口では女性の活躍推進を唱えながら、本音は家のことをしっかりやっていればいい、という程度の考えの管理職、事業主が相変わらずいるからである。

男女雇用機会均等法の制定にあたって、事務局のトップ（労働省婦人少年局長）を務めた赤松良子は、その著書で、均等法の制定時に赤松の前に立ちはだかっていた大きな壁のひとつは、当時の労働大臣であったことを紹介している。

「（彼は）実力のある閣僚だった。問題は彼の女性観で、……女性は外で働いたりせず家庭にいるのが幸せ、職場に出ても、きちんと保護法で守ってやらなければ可哀想な弱い存在なのだ、それなのに、男女平等とかなんとか言って保護をやめるなんてばかげている、とまあ一言で表現すれば、こんなことになるだろう。……差別撤廃条約の趣旨など持ち出しても、むしろ逆効果で、自分の廻りにいる女性はみんな結婚したら家にいたいと言っているという経験論を強く持っておられるようである。議論は空回りでいっこうに前に進まなかった」（『均等法をつくる』勁草書房、二〇〇三年）。

これが均等法をつくろうとしていたときの、担当大臣の発言なのだ。その最前線にいた赤松の苦労は推して知るべしだが、今は似たような状況がなくなったかと言えば、そうとも言えない。

女性活躍推進の旗を振る財界人トップは社内誌のインタビューで、性にもとづく役割には違いがあり、女性に向く仕事、男性に向く仕事があると答えている。これでは女性の活躍推進は、性別役割分担にもとづくものだと批判されても仕方がない。法人が唱える女性の活躍と、経営者など個人が考えるそれとのあいだには、ギャップがあるケースも存在する、ということである。

このあたりを、女性たちは見抜いているのかもしれない。だからこそ「はじめに」で紹介したように、「どうせ女性は労働力不足の補完要員」といった発言が出るのだろう。男性発信型の現在の女性活躍推進の動きに女性たちの視線がクールなのは、そのあたりが原因なのではないか。

では、均等法制定前後の女性たちの熱気はどこから生まれたのか、それはどこに行ったのかを、次の章で明らかにしていきたい。

II　男女雇用機会均等の時代

1 「一九八五年」はターニングポイント

ジョージ・オーウェル

一九八五年は、女性を取り巻く状況が大きく変化した年であった。政府は国際条約の女子差別撤廃条約を批准し、批准にともなう国内法の整備をおこなったのである。批准前は労働、教育、国籍法が条約に抵触していた。

労働の分野では、一九八五年以前は賃金に関する男女差別の禁止規定(労働基準法第四条)しかなかったが、八五年、政府は男女雇用機会均等法を制定した(施行は八六年)。

教育分野では家庭科教育を中学、高校は女子のみが必修という時代が長く続き、それは女子差別撤廃条約の男女平等の理念に反するものだった。しかし、こちらも批准にともない、中学校は一九九三年度から、高校は九四年度から男女共修となった。

国籍法も、しかりである。日本国籍の男性と外国籍の女性のあいだに産まれた子どもは日本国籍を取得できたが、日本国籍の女性と外国籍の男性とのあいだの子どもはそれができない父系優先血統主義だった。しかし、一九八四年に国籍法を改正し(一九八五年施行)、父母両系主義に改められた。

女子差別撤廃条約の批准抜きには、日本の男女平等はこれほど一気には進まなかったといえるだろう。この条約の批准前には「署名」というセレモニーがあった。国連婦人の一〇年・中間年の第二回世界婦人会議が一九八〇年にデンマークのコペンハーゲンで開かれ、日本初の女性大使である当時のデンマーク大使、高橋展子が、そこで批准に向けての署名をした。

ちなみに「国連婦人の一〇年」は国連が掲げた呼称で、一九七六〜八五年を言う。その一〇年間に平等・発展・平和をうながすとした(この本では、「婦人」は「女性」と変えず、当時の表記を使用した。そのほかの婦人関連表記も同じ。「婦人」から「女性」への変更がされるようになったのは一九九一年三月、婦人問題企画推進本部(本部長は内閣総理大臣)の事務局、婦人問題担当室が法令用語、固有名詞、慣用語化した固有名詞に準ずるもの以外は「女性」を使用する旨の事務連絡をおこなってからである。以上は内閣府男女共同参画局のホームページを参照)。

当時、取材記者だった私は、政府が必ずしも批准に積極的とは言えない印象を持っていたので、署名を見送るのではないか、と思ったほどだが、無事に署名、批准にこぎ着けた。日本政府の男女平等観が成熟しつつあったというより、女子差別撤廃条約の批准など、国際化という名の〝外圧〟の産物と見たほうが的を射ているのではないかと思っている。

その年、座談会で私は次のような発言をしている。

「(取材を通じて)強く感じているのは、最近の女性には大変不満を持つ人が多いということです。……働く女性の間では「ジョージ・オーエル」という言葉が昨年はやりました。ジョージ・オーエルの『一九八四年』にかけて「常時・OL」、何年働いてもOLでしかないという意味です」(「「国連婦人の一〇年」最終年にあたって」『婦人と年少者』一九八五年春号、財団法人婦人少年協会)。

ジョージ・オーウェルは英国の作家で、近未来小説『一九八四年』は思想や行動などを統制される社会の恐ろしさを描いたものである。それに合わせるかのように、一九八四年にジョージ・オーウェル転じて「常時・OL」という言葉が一部の関係者のあいだで使われたのである。

どなたが、どこのグループが言い出したのかは残念ながら定かではないが、会社で何年働いても管理職になる見込みがなく、常時、すなわちいつまでたってもOL(オフィスレディの略語。週刊誌『女性自身』が公募で選んだ和製英語)でしかない。そんな言葉が本家、ジョージ・オーウェルの作品名と同じ「一九八四年」につくられたというのは意味深長な話ではある。

男性に限定、男性と区別

「常時・OLたち」の「一九八五年」への夢が特に高まったのは、「労働、教育、国籍法」のなかの「労働」分野だった。働く場が男女平等であってほしい――そんな夢をかなえるための議論は、すでに一九七〇年代後半から始まっていたが、「雇用の男女平等を確保するための新たな立法及び各種の方策が必要だ」と明確に打ち出したのは、労働大臣の私的諮問機関、労働基準法研究会である。一九七八年一一月、この研究会の報告にそう明記し、さらに妊娠、出産にかかわる母性保護を充実する必要性を訴える一方で、女性に対する特別措置は最小限必要とするものに限るべきだとして、女子保護規定の検討を強調した。

当時、女性がおかれていた状況は、男性優位のひとことに尽きる。国際婦人年の翌年、一九七六年に女性雇用者は一二〇〇万人を突破し、雇用者全体の約三分の一を占めるに至った。それにもかかわらず、女性社員に対する教育訓練を男性社員とまったく同じに受けさせる企業は二割にも達していなかった。

昇進の機会も、女性には「なし」が五割を超え、「あり」と答えた企業でも役職は「係長まで」(四〇・五%)か「課長まで」(二七・三%)で、両者が全体の七割弱を占めた(図II―1)。

一九七八年に労働省婦人少年局がまとめた『職場における男女平等をすすめましょう』は、「婦人の能力、特性に対するかたよった評価や、男女の役割分担に関する固定的な観念が人々

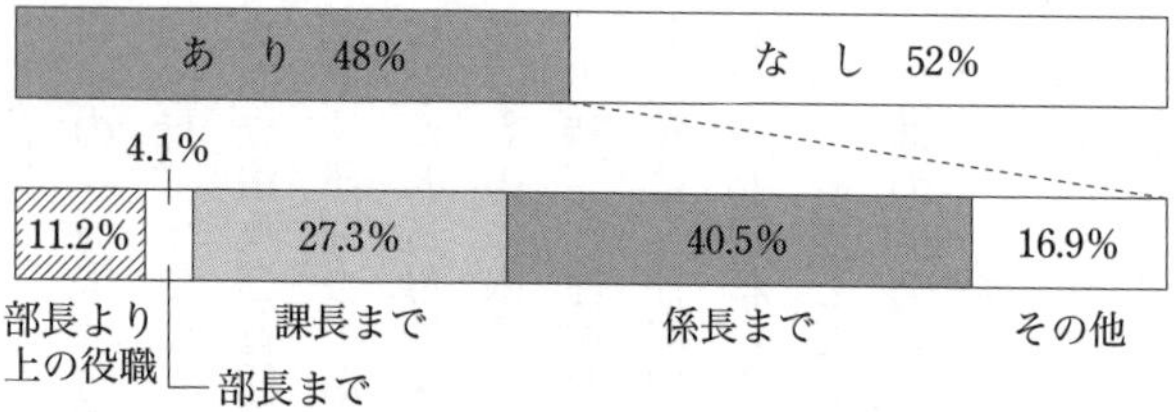

出典：女性労働者の雇用管理に関する調査(労働省，1977年)

図 II-1　1970年代後半の女性の昇進機会

の意識に強く残っているほか、婦人自身にも職業意識を高めて新しい分野へ積極的に進出しようとする意欲が必ずしも十分でない」とし、企業は女性を「単純、補助的労働者としてしか期待しておらず」と分析する。その結果、企業の対応には、

- 採用の対象を男性に限定する
- 採用する場合にも学歴、年齢、職種を男性と区別する
- 教育訓練の機会を与えなかったり、与えても受講の資格や訓練内容等で男性と区別する
- 技能、経験年数、学歴等に関係なく女性には昇進昇格の機会を与えない

などの問題が見られる。

女性社員にも、批判の矛先が向けられる。

- 職業を腰かけ的なものと考え、職業に対する厳しさに欠ける
- 職業能力向上の努力に欠ける
- 新しい仕事や責任ある仕事につくことをためらう

・職場のなかに家庭の問題を持ち込むなど職業と私生活とのけじめに乏しい
・進学や就職、職業訓練の受講に際して選択に偏りがみられる

『職場における男女平等をすすめましょう』が、当時の企業の女性への対応や、企業だけにとどまらず、社会全体が抱く、女性に対する仕事観を言い当てていることはまぎれもない事実である。じつはこの、企業の女性への対応と女性観が、その後の企業と女性、そして女性の声を代弁した労働組合との対立構造を形づくっていく。

使用者側と労働側の議論

先の労働基準法研究会の報告が「雇用の男女平等を確保するための新たな立法」の必要性を訴えたあたりから、マスコミの報道も勢いづき、「雇用平等法の制定」が新聞などをにぎわすようになる。法制化するとすればどんな内容になるのか、私もずいぶん記事を書いたが、平等法の明確な方向性を打ち出すのはむずかしかった。

その原因の一つが、法制化にはなじまないなどとする使用者側の頑なな姿勢にあった。女性は「勤続年数が短い」「職業意識が低い」「管理能力がない」「勤務が不安定だ」などの、使用者側が考える問題点をあげ、男女が異なる扱いを受けるのには相応の理由がある、というわけ

だ。

八〇年代に入ると、男女雇用平等法制定の動きが活発化する。一九八一年五月には婦人問題企画推進本部（本部長は総理大臣が務める）が「婦人に関する施策の推進のための「国内行動計画」後期重点目標」を取りまとめ、「婦人の地位向上のための法令等の検討」「雇用における男女の機会の均等と待遇の平等の促進」などを盛り込んだ。

一九八二年五月には、男女平等問題専門家会議が「雇用における男女平等の判断基準の考え方について」という報告書をまとめる。

この専門家会議は、労働大臣の諮問機関、婦人少年問題審議会婦人労働部会が、「今後の審議に資するため」男女平等に関する専門家による会議を設けて具体策などを検討することが適当、という申し合わせで、一九七九年一二月に誕生した組織である。では、期待に応えるような「判断基準の考え方」が出せたかとなると、取材記者だった当時の私は、必ずしもそうは思っていなかった。

そのときの取材メモを見ると、当時の労働大臣は、「判断基準が我が国の男女平等の実現の促進に大きな力になるものと信じている」という談話を出している。だが、「判断基準の考え方」の内容には疑問符がつく。「更に審議が深められることが望まれる」「再検討することが期待される」など、審議を婦人少年問題審議会婦人労働部会に委ねてしまっている印象がある。逆にそれは、使用者側の委員と労働側の委員が、同じ土俵で男女平等の議論をたたかわせるむずかしさを示している。男女平等問題専門家会議の座長は後に、判断基準を示せなかったのは、委員全員の合意を得られるような簡単な問題ではなかったからだと言っている。

採用、配置、昇進などが努力義務に

二年半を費やしての審議結果がこれか、と断じては、厳しすぎるというそしりを免れないかもしれない。雇用平等法に対する労使の隔たりは、あまりにも大きかった。募集、採用、配置、昇進などをすべて、差別しないよう努めるのではなく、禁止することを望む労働側、「いや、努力義務に」とする使用者側。両者の対立は硬直化し、議論が先に進まない印象があったが、当時、この問題の取材に懸命だった私には新たな動きに映る出来事もあった。

取材に訪れていた経営者団体の若手職員らが、一生懸命、男女平等に関する勉強会を始めたのである。当時、私が書いた新聞記事から拾うと――。

「(使用者側が婦人問題に開眼し)日経連(日本経営者団体連盟の略称。財界の労務担当と言われた組織。二〇〇二年に経済団体連合会と統合し、日本経済団体連合会になった)の若手人事担当者が、企業の労務管理に及ぼす平等法の影響を憂えて、たびたび勉強会を開き始めたのが昨年(一九八三年)春のこと。ウーマンリブの教祖ベティ・フリーダン女史の本を原書で読んだりするうちに、『これは〝革命〟だ』との声が上がった。職場における男女平等の実現が、従来の社会秩序を根底からくつがえしかねないことに気付いたわけだ。それまでコップの中の嵐とタカをくくっていた女の問題は、にわかに男の問題に発展した」(「『男』と『女』に深いミゾ雇用平等法」『日本経済新聞』一九八四年三月三〇日夕刊)。

ずいぶんオーバーな表現を盛り込んだ記事だと汗顔《かんがん》の至りだが、こうした使用者側の焦りをさらに加速させる動きが出る。一九八四年二月に婦人少年問題審議会婦人労働部会の公益委員(公益を代表し、中立的な立場で発言する委員)が雇用平等法に関する試案を発表するのである。先に掲げた一九八四年三月三〇日の私の記事は「労使の水掛け論に業を煮やした公益委員が、とりあえずのたたき台として示した試案」だと書いているが、内容は使用者側に厳しいものだった。

募集・採用は努力義務規定にとどめたが、配置、昇進、昇格、福利厚生、定年、解雇などは罰則のない禁止規定が望ましいというものだった。これには使用者側は猛反発する。かねて配置と昇進、昇格は日本的雇用関係から法制化にはなじまないと主張してきただけに、日経連、経団連、経済同友会、日本商工会議所の経済四団体は法制化反対に足並みをそろえる。

「罰則付き強行規定」(労働側の主張)と「法制化反対」(使用者側の主張)の中間をとった内容の試案を、雇用平等法案をつくる事務局のトップであった労働省婦人局長の赤松良子は記者会見で、「多少、理想論に近い」とコメントした。それを聞き私は、最終案はもう少し現実的なものになるのではないかと思ったりしたものである。

その一カ月後の一九八四年三月、婦人少年問題審議会は女子差別撤廃条約の批准に向け、必要な法的な整備をおこなうよう政府に申し立てる。それを受け、その年の四月、労働省は「雇用の分野における男女の均等な機会及び待遇の確保を促進するための労働省関係法律の整備等に関する法律案」を審議会に諮問・公表し、答申を受けて五月の国会に提出した。

マスコミはそれまでは男女雇用平等法という呼称で報道してきたが、新たな法案名は「雇用の分野における男女の均等な機会及び待遇の確保等女子労働者の福祉の増進に関する法律」案。略称、男女雇用機会均等法案。

勤労婦人福祉法を抜本的に改正してつくることになり、これなども初耳だった。そして何といっても、募集、採用から配置、昇進などに関する「事業主の責務」が努力義務規定になっていたことが、女性たちや労働側に不満を残した。

ちなみに勤労婦人福祉法は、働く女性の福祉に関する措置に関し、事業主に自主努力をうながす法律で、一九七二年に制定された。女性に対する妊娠・出産後の配慮、育児休業などの便宜供与などの努力義務を課したもので、「育児休業」という言葉は、この法律(第一一条)で初めて登場する。

失望の声

なぜ法律名が「平等」ではなく「機会均等」なのか、なぜ勤労婦人福祉法を改正して法律が作られたのか——。これらの解説は前者はⅡ章2で、後者はⅢ章1で触れるが、採用とか昇進が男女平等になれば、という期待が大きかっただけに、働く女性たちの失望感は大きかった。

〝職場の花〞という言葉が登場したのは、女性の職場進出が進んだ高度経済成長期の一九五〇年代である。仕事に取り組む姿勢を腰かけ的に見られ、職場の花ゆえに仕事ができるできない以上に、顔だちや、気立てがいい悪いなどが評価の基準になったりした。そんな企業風土を変えたい。「一九八五年」には雇用平等法ができて、女性差別が禁止になる——。女性たちはそうした夢を見たからこそ、「一九八五年」に期待したが、その夢も「一九八四年」に潰《つい》えた……。

先に私は『婦人と年少者』(一九八五年春号)の座談会で、一九八四年にジョージ・オーウェルという言葉が流行ったと発言したことを紹介したが、それは八五年への期待というより八四年時点での「これからも常時・OLか」という絶望感の現れだったのだろうか。

男対女のせめぎあい

当時、私は次のような文章を書いている。

「(一九八〇年に女子差別撤廃条約を批准するための署名を国連婦人の一〇年・中間年世界会議でおこなったが)当時、経営側はその署名の重みにあまり関心を払わなかった。後に雇用平等法論議が高まってから経営側は、婦人差別撤廃条約の署名を政府が事前に相談もせずに独断で行ったのはおかしい、新聞も報道しなかった、と非難したが、これは言いがかりだ。当時の男女平等を巡る世界的な潮流に目を向ければ、条約の署名がどんな重みを持っていたかすぐ理解できたはずなのだが。……後手後手の男性陣に比べ、女性たちの動きはすばやかった。無名の女性たちが『私たちの男女雇用平等法をつくる会』なるグループを結成して独自の法案を用意するなど、積極的に職場の男女平等問題に取り組んできた」

「女たちは長い間の男社会の因習を打ち破ろうと意気込み、男たちは『男は外、女は内』、あるいは『女は補助職』といった既得権を守ろうとする。こうしてみると雇用均等法論議は経営側対労働側の対立と考えるよりは、男対女のせめぎあいを頭に描いた方がその本質がよく理解できるような気がする。経営側のトップに会って話を聞くと、彼らが心配するのは経営慣行がこれからどう変わるのかという不安もさることながら、家族関係は、夫婦関係はどうなるかといった点にまで思いをめぐらす人が少なくない」(「取材メモから　雇用機会均等法案をめぐって」『日本労働協会雑誌』一九八四年一一月号、日本労働協会)。

ある女性の弁護士は、募集・採用、昇進・昇格の差別解消を努力義務とした均等法の労働省案が発表になったとき、「婦人運動は敗北した」と叫ぶように言った。「この均等法ショックから抜け出すのは大変だ」とも。

それから三十余年が経過したいま、当時を振り返れば、初期の男女雇用機会均等法が「敗北」のシンボルだなどとは思わない。小さく生んで大きく育てる、は官僚の口癖だが、均等法の制定があったからこそ、その後の男女共同参画社会基本法や女性活躍推進法の制定につながっていく。そう考えれば、「一九八五年」は、ささやかではあっても、進化の基礎を築いた年と言えるだろう。一九八五年に向けての女性たちの熱い期待が高まったからこそ、現在に至る男女平等関連の法律を整備することにつながるのである。

2　コース別雇用管理制度の登場

「平等」を使いわけ

長いこと、雇用平等法の名で報道してきただけに、男女雇用機会均等法という新たな呼称には当初、違和感があった。なぜ、「平等」ではなく「機会均等」なのか。

この問題はそれから一四年後に誕生する男女共同参画社会基本法（一九九九年制定）でも、巷《こう》間《かん》、議論になった。「なぜ、男女平等参画ではいけないのか」と。

均等法に関して言えば、機会均等にしたいのは、平等概念のなかに含まれる〝結果の平等〟に対する拒否反応のためである。究極の結果の平等は、法律（クオータ制）によって、例えば管理職ポストなどの枠を一定の比率で女性に割り当てることを義務づける制度である。これについては男女平等問題専門家会議が「雇用における男女平等を実現するということは、……結果の平等を志向するものではない」（『雇用における男女平等の判断基準の考え方について』）と明確に否定している。先に私は、この専門家会議を、自ら決断は下さず、審議を婦人少年問題審議会に委ねていると批判したが、その是非はともかく、均等法は結果の平等は志向しません、というこの公益、労働、使用者側、それぞれの委員三者の合意がなければ、この法律は日の目を見なかった可能性が高い。

使用者側が恐れていたことの一つ、それは結果の平等だったのである。そのような判断もあって、「平等」という呼称は敬遠したというのが私の解釈である。

総合職と一般職

結果の平等の対《つい》になっている概念が、機会の平等である。では、新しい法律の名の通り、「雇用機会」が女性にも「均等」に与えられたのだろうか。意欲と能力に応じて均等に処遇しなければならない時代にあって、企業は新たな制度を考え出す。

大企業を中心に導入が進んだコース別雇用管理制度がそれだ。一般的には基幹業務の総合職、定型的・補助的業務の一般職という名で知られる雇用管理区分ができた背景には、次のような事情があったようだ。

「(均等法施行後、どんな傾向が強まるかといえば)今でも辞めなくなっている女の人が、一層辞めなくなるということです。……(ところが銀行の場合)給与システムとか退職金システム等も、ある一定年齢で女性が辞めてくれることを前提に制度ができています。したがって、女性が長く居続けたら、システムは崩れてしまいます。ですから、将来を考えた場合、女の人が辞めなくなることを前提としたシステムを構築しないと対応できなくなります。……そこで考えださされたのが、コース別管理制度です。……(今、都銀で取り入れられてきている)コース別管理の考え方は(男性と)等しい者は等しく、異なった者は異なった処遇をするというもので、基本的には男・女の問題から出ているのです……」

『相互銀行』(一九八五年一〇月号、全国相互銀行協会)からの抜粋である。労使問題研究者の講演をまとめたものなので、銀行業界の総意というわけではないが、コース別雇用管理制度を導入した均等法制定前後の企業の本音を、垣間見ることができる。

ここから読み取れるのは、均等法制定前の金融業界は、給与や退職金システムについて、女性が一定年齢で退職することを前提にできていたということだ。均等法施行後は女性は辞めなくなるのではないか、大変だと、新たに構築したのが、コース別の雇用管理制度だというのである。

処遇の基準は「男性」だった。男性と「等しく」働ける女性は等しく処遇するという制度で、その一例が転勤である。総合職に応募する学生に対して、「頻繁に転勤があるが大丈夫か。結婚後を想定すれば一般職がいいのではないか」という誘導が盛んにおこなわれたことは、今でも語り草になっている。

いや、いまも一部に続いている。大学教員時代に、企業面接を終えたゼミ生から、その訴えがだいぶあった。

コース別に名を借りた男女別管理

男女雇用機会均等法は女子差別撤廃条約を批准するにあたっての、労働分野の男女平等を法的に整備する一環のなかで誕生したものである。この条約の「男女の平等を基礎」とする人権重視の精神こそ、本来汲《く》み取らなければならないものだったが、そこまで思いをめぐらせる余裕は、当時の企業にはなかった。

ある銀行の人事担当者は、均等法が施行になってまず困ったのは社員研修だったと言っている。男子は入社すると三カ月くらい缶詰で研修をおこなっていたが、女子は一週間か一〇日くらい。それへの対応もあって、コース別管理を実施したというのである。

導入後、まずは既存の社員のコースわけをおこなった。男性社員が九〇〇〇人台、女性社員は四〇〇〇人台。このなかで最終的に一般職を選んだ男性は一〇〇人くらい、総合職を選んだ女性もほぼ同数だった(「3年目を迎えた男女雇用機会均等法——企業における機会均等の現状と課題」『婦人と年少者』一九八八年夏号、財団法人婦人少年協会)。

一般職を選んだ男性が一〇〇人もいたというのは、私の取材体験からいうと、驚きである。均等法制定直後に取材した限りでは、多くの企業広報担当者は「一般職を選んだ男性は、ほぼゼロ」と言うのが一般的だった。「むろん何人かの男性は一般職になりましたよ。でも家庭の事情などを抱えた特殊な人」と、例外的な存在の男性は「特殊」という表現で説明した。

コース別雇用管理制度の根っこにあるものは男性を基準にした男性スタンダードであり、それに合わせることができる女性を総合職の名のもと、処遇するシステムだったのである。だからこそ、女性が多く従事してきた従来の補助職にあたる定型的業務の一般職を選択する男性は、企業にとって「特殊な」異質の存在だった。

一方、基幹業務を中心とする総合職は、もともと男性が牛耳っていた仕事領域の新たな呼称にすぎない。コース別雇用管理制度を、大手商社や金融機関の一部は均等法が施行になる数年前から実施しており、制定、施行後は製造業なども参入した。

はっきり言えば、形だけの男女平等を整え、男女雇用機会均等時代の体裁を繕ったのである。厳しい言い方かもしれないが、新聞記者として企業やそこで働く女性たちの取材をしてきた身には、この表現が当時の実態を言い表すのに不適切だとは思わない。

総合職女性の選抜は、じつに厳しかったし、ハードルが高かった。大手都市銀行に勤務するベテラン女性行員の訴えに、耳を傾けてみよう。

「会社や組合は本人の希望を尊重してコースを決めると説明したが、実態はまったく違う。女性は一般職と決めており、総合職を選択しようものなら何度も呼びつけられ、海外に転勤できるのか、預金を〇千万円集められるのかなど、おどしたりすかしたり。そのくせ男性は、だれでも『お願いします』の一言ですんなり総合職になる。おかしいわよね、と憤懣《ふんまん》が続出しています」

建設会社のケースはこうだ。均等法が制定された一九八五年の会社提案は、女性は全員が一般職という内容だった。それに女性社員は猛反対した。「せっかく男性と同じ仕事をしたいとコツコツ新しい仕事を開拓してきたのに、また定型的な仕事に押し込められるのかと不安だった」。半年近い反対運動の末、女性にも総合職への道を、という要求が通る。だが総合職を希望した女性五四人のうち、合格者はわずか四人だった……(「女性には縁遠い総合職―コース別人事制度」『日本経済新聞』一九八六年七月二八日夕刊)。

報道を通じてこのような実態に触れるにつけ、一部の企業は、コース別雇用管理制度を先の

『相互銀行』が言うように、男性と「等しい者は等しく、異なった者は異なった処遇をする」という「男・女の問題から出ている」と受け止めたと考えざるをえない。

一九九〇年版『婦人労働の実情』(労働省婦人局)の指摘も、それを裏書きする。

コース別雇用管理制度は、「性別によらず、各人の意欲や能力により雇用管理を行うという点では、企業の女子活用の現れとみることができる」。だが女性を「特定コースに限定したり、同一コース内でも男女別の雇用管理をする等の運用によっては、コース別に名を借りた男女別雇用管理に転化する可能性を併せ持つものといえる」と言う。行政の資料としては、卓見というほかない。

続く男性スタンダード

一九八六年三月、労働省が都道府県知事、全国の労働省婦人少年室長あてに出した均等法の施行に関する通知には、均等な機会を与えるとか取り扱いをするとは、「女子に対し男子と等しい機会を与え、又は個々人の意欲と能力に応じて等しい取扱いをすることを言う」とある。具体的には「女子をグループとしてとらえた平均値としての意欲や能力ではなく、「意欲や能力がそれぞれ異なる個々の女子の意欲と能力を正しく評価し、それに応じて」という意味」だ

（赤松良子『詳説男女雇用機会均等法及び改正労働基準法』日本労働協会、一九八五年）。

しかし「意欲と能力に応じて」に関する解釈が、一部の使用者と労働省のあいだで微妙に食い違ったのではなかろうか。人事、労務の担当者のなかには、女性を男性と均等に扱うようになれば、既成の職場文化は崩壊するのではないかと危惧する人もいたが、均等とは意欲と能力を基準にしたものであると知って安堵するのである。その理由は、公平公正な判断にもとづく意欲と能力の評価ではなく、男性スタンダードによる評価を想定していたからだろう。

男性スタンダードにもとづく判断材料の一つが転勤である。大手都銀の総合職志望の女性が海外転勤できるのかと脅し口調で言われたことなどは、その典型例である。

性による職務分離が定着し、女性は補助的、定型的な業務に多く配属されてきた。そうしたなか、「個々の意欲と能力」を判定して総合職と一般職に振りわけるのは本来はむずかしい仕事である。簡単に済ませるとなれば、家事や育児の責任が今以上に重く肩にのしかかっていた女性に、「それでも転勤は可能なのですか」と迫り、一般職に誘導することが普通におこなわれていたのである。

日本経済新聞社が一部上場企業を中心とする有力企業一〇〇社を対象に実施した「均等法施行後の職場の男女平等調査」（一九八六年）によると、コース別雇用管理制度を導入している企業のなかで、「総合職を希望する女性が少ない」と答えた企業が、なんと七割強と多数を占めた。その理由を人事労務担当者の九割近くが、「総合職になると転勤があるからだろう」と見ている。

学生を企業に送り出す大学の就職担当者も、学生から上がってくる情報を分析し、男性スタンダードの状況を批判的に見ていた。以下、まとめて紹介する(「『女子学生の就職展望』大学就職担当者座談会」『Ｅｓｓｏｒ』10号、一九八八年六月、財団法人女性職業財団)。

・**Ａ大学就職部係長代理**　総合職志望の学生が、面接で〝明日からでも転勤〟というような感じで攻められるのは問題だ。一般・事務職にも優秀な人がいるわけだから、そういう人たちとどうやって区別していくかという問題が企業にあるのではないか。総合職にもかかわらず、(周囲は)外見や女性らしさを重視する傾向があり、高い能力を持ちながらも、なりふりかまわず働くようなタイプの人は敬遠されてしまうようだ。感じの良さも実力のうちとは思うが、男子には問われないことが女子に問われていることも事実だ。

・**Ｒ大学就職部係長**　均等法対応策としてコース別制度を採用した企業が多く出てきたが、これは問題だと思う。コース別の採用で女子が二極分化してきたといわれているが、私はさらに四極分化してきたと思っている。総合職と一般職のほか、転勤なしの準総合職と専門職が加わってきた。営業という名の専門職であればどこまでいっても営業という職種の固定化現象で、人事ローテーションがない。それをとても懸念している。

労働省もこのような状況を踏まえ、女性職業財団に委託して一九八七〜八九年度にかけて「コース別雇用管理に関する研究会」を組織し、コース別管理の調査研究を実施した。総合職女性は男性に比べてきわめて少数、コースを柔軟に転換できる制度の設定が必要、といったこの研究会の報告(一九九〇年)を受け、労働省は九一年に「コース別雇用管理の望ましいあり方」を公表する。おもだった内容を紹介すると、次のようになる。

• コース別雇用管理制度は、労働者の意欲、能力にもとづいて処遇する制度であること——性別による雇用管理の疑いがあるものも見られる。総合職は男性のみ、一般職は女性のみといった制度では均等法の指針に抵触する恐れがあるし、労働者のモラルを低下させる。

• 各コースについて適正な処遇とするよう配慮すること——一般職の昇給、昇進の上限を従来の補助職的な女性よりも低く抑えた例がある。労働者の就業意欲を低下させ、コース間の労働者の摩擦要因にもなりかねない。

•各コースとも男女公平な採用、選考などを実施すること――女性に対し、面接時に採用担当者が、転勤などの不安を必要以上にかきたてるような話をする例がある。転勤が条件のコースであれば面接時に意思の確認をおこなうのはもっともだが、女性だけにその会社の極端な例をあたかも一般的なものであるかのように言ったりして意欲を削ぐのは行き過ぎ。

•各コースが男女ともに開かれていること――総合職は男女対象だが、一般職は女性のみが対象という例も見受ける。男性でも一般職として働くのに適した能力を持っている人、家庭の事情から転勤のない形での就労を望む人もいる。

•コース間の転換を認める制度を柔軟に設定すること。

◇

これらの問題が現在、すべて解決しているわけではない。相変わらず、総合職には男性が多く、図I―1にもあるように、総合職の女性は一八・五%と、全体の二割にも達していない（二〇一七年度雇用均等基本調査、厚生労働省）。

3　均等法時代のシンボル、総合職女性

総合職女性をめぐっての混乱

均等法が施行になった一九八六年の年末、私は「均等の時代　男女別から個人別管理へ」という見出しの記事を書き、最後を次のように締めくくった。「今後、『能力』のある女性は普通の男性にも差をつけ、エリート男性と肩を並べて仕事を続けるはずだ。だが、職場の男女平等とは〝強者〟だけに居心地がよいことだったのか」(『日本経済新聞』一九八六年一二月二一日)。

総合職女性を意識した記事であることは言うまでもない。そんなにエリートだったのかといえば、必ずしもそうではないことは、大手企業では彼女ら第一期の総合職女性からその後、役員などを多く輩出したわけではなかったことからも証明できる。とはいえ、総合職女性が均等法施行直後の時代のシンボルであったことは間違いない。

私も含め、メディアも競うように記事を書いたが、総合職女性の数は微々たるものだった。コース別雇用管理制度を導入している企業自体が少数だったことも一因である。一九八九年女子雇用管理基本調査(労働省)によると、この制度を導入している企業は全体の二・九%。企業

規模別でみると大企業に多く、従業員五〇〇〇人以上は四割強と高率だった（同一〇〇〇人から四九九九人は二五・三％。三〇〇人から九九九人が一一・四％）。

では、大企業には、総合職女性が多数誕生したのだろうか。そのようなことはなかった。労働省の委託で女性職業財団がまとめた「コース別雇用管理に関する研究会報告書」（一九九〇年）によると、均等法施行から一年後の一九八七年九月現在で、上場企業の銀行、商社、保険、証券各社でコース別雇用管理制度を導入している企業は二七・〇％、うち総合職女性は総合職全体の〇・九％、五五二人に過ぎなかった。一年八カ月後の一九八九年五月時点では、七八四人に増加している（表II—1。中間職については後で説明する）。

この報告書によると、総合職女性の年齢は三〇歳以上が全体の四割を占め、二四歳以下は三割強だった（表II—2）。三〇歳以上の総合職女性が多いのは、半数近くがほかのコースからの転換組だからである。一九九〇年版『婦人労働の実情』（労働省）はこうした実態について、「均等法以降の新規参入の女子社員だけではなく、既存の女子も活用しようという企業の意図の現れ」とみる。ただ、総合職への転換者の多くは役職者ではなく、「係員」など「職階上は低いレベルに集中している」点については、「管理職を養成することを意図した処遇が、長期間女子に対してされてこなかったことが大きな要因」と分析する。

表 II-1　1980 年代後半の総合職女性数と中間職女性数

（カッコ内は％）

			総合職	中間職
1987 年 9 月 1 日現在の在籍女性労働者数			552 人 (100.0)	188 人 (100.0)
	上記女性労働者の 1989 年 5 月 1 日現在の状況	同一コースの在籍数	480 人 (87.0)	110 人 (58.5)
		他コースへの転換者数	9 人 (1.6)	11 人 (5.9)
		退職者数	63 人 (11.4)	67 人 (35.6)
1989 年 5 月 1 日現在の在籍女性労働者数			784 人 (42.0% 増)	432 人 (129.8% 増)

注：1987 年現在の総合職女性数 552 人は，総合職全体の 0.9%
出典：コース別雇用管理に関する研究会報告書（財団法人女性職業財団，1990 年）

表 II-2　1989 年時点の総合職女性の年齢別内訳

24 歳以下	25〜29 歳	30〜34歳	35〜39歳	40〜44歳	45 歳以上
31.8%	27.0%	10.6%	9.3%	7.4%	13.9%

出典：コース別雇用管理に関する研究会報告書（財団法人女性職業財団，1990 年）

そうしたなか、急に男性と対等な扱いの総合職という名の女性を育成しようとしても、なかなかうまくいかなかった。総合職女性の採用、配置の問題として当時、多くの企業があげたのは、「時間外労働、深夜業等の法律上の規制がある」「取引先との関係上、女子を使えないことがある」「（一般職など）他コースの女子労働者との関係に問題が生じる」「家庭事情を考慮する必要がある」だった。

総合職になる条件としては、ほとんどの企業が「転居を伴う転勤」をあげたが、こちらも本当に男女の別なくおこなえるのかなどの問題があった。

中間職の登場

先にも指摘したようにコース別雇用管理制度は、運用によってはコース別に名を借りた男女別雇用管理に転化する可能性を併せ持っている。特に転勤は、家庭運営の責任を背負った女性社員にはハードルが高いが、女性総合職は転勤なしでは、コース別に名を借りた男女別管理に逆戻りしかねない要素もはらむ。

そんなこともあって、新たなコースを用意する動きが出始める。総合職と一般職の中間に位置づけられる「中間職」がそれだ。基幹業務に従事するが転勤はない中間職は、均等法施行後、急速に数を増やした。企業によっては、「専門職」という位置づけをするケースもある。

当時、取材をした大手企業の人事担当者からは、家庭責任の担い手でもある女性は、男性と同じ条件で働くよりも、専門職として仕事をしたほうがいいのではないか、という指摘も少なくなかった。現在、女性は専門職志向が強いと言われたりするが、当時の女性社員の意識はそうではなかった。一九八六年に日本経済新聞が実施した「大卒中堅キャリアウーマン調査」によると、調査対象（三二〜四一歳の四年制大卒女性社員）の八割は、「いろいろな部署を経験することは職業人としての幅を広げる」と考えており、「ずっと同じ部署にいて専門職として大成したい」という専門職志向派は一割強であった。

このあたりの食い違いや、中間職という、総合職なのか一般職なのかどっちつかずのポジションに女性が配属されるようになったせいなのだろうか。専門職の色彩が濃い中間職女性の退職率は、総合職女性以上に高かった（前出表Ⅱ―1）。

こうした混乱が生じたのも、均等法施行以前は、女性といえば男性のサポート役程度にしか位置づけてこなかった企業が、施行を機に、急に意欲と能力に応じて均等に処遇しなければ、となったからだろう。体制も整っていないにもかかわらず、である。

当時、取材をしていて痛感したのは、大手企業では男女平等の意識や風土の醸成《じょうせい》は、依然として未完のままだということだった。均等という名のもと、形を整えることに腐心し、コース別に名を借りた新しい男女別管理が定着しつつあるなかで、「常時・ＯＬたち」も、混乱に否応なく巻き込まれていった。

残っている差別感覚

ある金融機関系の民間研究所が一九九〇年にまとめた、親会社である同金融機関の「女子総合職活用に関する調査・研究報告書」は、総合職と企業の関係を知るうえで示唆に富んでいる。金融機関名を説明の都合上、A社としておく。この研究所はA社の総合職女性や上司、そのほか社内、社外関係者のヒアリングやグループインタビューなどをおこなった結果、総合職女性の「活用度」(この本では、女性の活用という言葉は女性を見下す表現と受け止められることもあるので使用しないが、報告書がまとめられた当時は使用していたので、原文通り表記する)に大きな影響を及ぼすものは、上司、同僚(男性)たちの①会社の方針に対する解釈、②役職、ポスト上の立場・使命感、③個人的な女性観――などの「複合体」だという。

そして、それらにもとづく「企業風土、組織文化が無視できない最重要ファクターになっている」と言うのである。そのような風土が社内に育たないかぎり、真の意味での総合職女性、すなわち「普通の男性社員並みに会社に貢献し、かつ会社から信頼される企業人は育たない」と分析する。では、この金融機関は当時、期待に応える対応をしていたのだろうか。残念ながらこの報告書は、親会社のA社に対し、厳しい指摘をしている。

例えば総合職女性の社内での扱いに関し、「旧来の差別感覚が残っていることに鷹揚《おうよう》だ」と指摘する。具体例は示していないが、グループインタビューなどから浮上した次のような指摘など、その一例といっていいだろう。すなわち、A社は総合職女性という名の「スペシャリスト」を養成し、限られた分野でのみ女性を活躍させることで、既存の男性社会の秩序を守り、バランスを保とうとする意欲が想像以上に強い。女性の側にも、そのようなポジションに落ち着くことで、自分自身のライフプランのバランスを保ちたいというニーズが存在する——。

こうしたなかで女性が活躍するには男性と同等か、それ以上に明確な意志、行動力が必要だが、同時に「社内に男・女を同等に扱い、昇進にも手加減を加えないという土壌が完成し、男性社員の意識もそれにならっている」という前提条件がなければならない。研究所はA社以外のほかの金融機関などにもアンケート調査をおこなったが、そこから読みとれる女性の処遇は「能力は同等であっても男性の反感を買ったり、秩序を乱さない程度の昇進が行われたりする」。このあたりが、総合職女性という名のエリートが登場した第一波の女性活躍の時代の限界だった。

A社の場合はどうかといえば、「総合職女性〇・七人前論」という言葉で企業風土を説明している。すなわち、採用した総合職女性の力量が〇・七だとしたら、それは採用法が誤った結果だ。だが、本来、一の素地を持っているのに〇・七以上に見る目を持たない上司の指導枠のなかで育てているとしたら、新人育成に関して取り返しのつかないことをしていることになる。

このような状態では、女性側は総合職として自分をアピールし、実績を残す機会から遠ざかってしまう。総合職女性に試練を与え、経営方針として一・〇を一・一とか一・二にするような方向に踏み出さないかぎり、やがて彼女たちに会社への被害者意識や不信感が生まれ、自由に実力を発揮するどころではなくなる――というのである。

A社は総合職女性に対して、旧来の差別感覚が残っていることに鷹揚だ、と指摘した中身は以上のようなものである。同時に、「逆差別に対しては過敏である」とも指摘する。要するに、男性社員を批判することに対しては厳しい目を向ける風土が残っているというのである。

電話に出ると「男の人に替われ」

次は、当時A社に勤務した総合職女性たちの生の声を要約して紹介したい。

【男か女かなんて関係ない】

・面接のとき、均等法施行一年目ということで、事務職(一般職)のあなたに対する見方が厳しいよとか、事務職に比べて遜色《そんしょく》があるようではやっていけないとか、いじめに耐えられるかとか、いろいろなことを言われた。働きやすさを基準に就職先を選んだだけに、そう言われることにものすごく抵抗があった。個人的には総合職も事務職も能力的にそんなに変わらないと思っているが、夜のミーティングに呼ばれるのは私たち総合職だけ。だんだんと事務職とは違うというイメージが形成されても仕方がないと思う。上司からは管理職になった場合は、今、付き合っている女の子たちを使っていかなければいけないよ、人を管理することを覚えなくてはいけないなどと言われている。男だったらよかったと思ったこともあったが、今はそんなことは言っていられない。仕事ができるかどうかが大事、男か女かなんて関係ない。どっちのトイレを使うかだけの差でしかない(複数の女性総合職の意見を合体)。

【地方配属】

• 大学の謝恩会の最中に家に電話をかけたら、大阪配属だという連絡があったことがわかった。メチャクチャ、ショックだった。配属面接の際、人事担当者に「うちは父が単身赴任なので、私が地方配属になると家族がバラバラになる」とお願いしたら、「この会社はそういうことを考慮する会社だから」と言ってくれたのを素直に信じていたものだから。大阪での仕事の内容は、法人融資やリース、保険など何でも屋だが、もっとできそうな気がする。負担が軽すぎる気がするので、上司にも言ったが、「そうだね」と軽く受け流された(総合職入社)。

【プレッシャー感じる】

・毎日、うなされて起きる状態。体も壊したし、キツイ。女性の総合職が少ないせいか、女性総合職＝スーパーマンのような通念になっている。それと自分の実力が合っているかというと、合っていないように思える点がプレッシャーの要因になっている。今の部署は一番年の近い人で、六歳年上の男性になる。自分と比べる人がいないので、ライバルは自分一人という感じだ。自分を甘やかすこともできるし、プレッシャーをかけることもできる。自分との闘いです（事務職から総合職への転換者）。

・事務職のときは、仕事をやればいい子いい子と褒められたが、今度はそうじゃない。そのギャップを埋めるまでがきつかった。生まれたときからずっと優等生だったから、今までこういう感じって経験しなかった。これが劣等生っていうんだって、初めて劣等生の気分がわかった。総合職に転換後の研修に集まったときも、みんな同じことを言っていた。「こんなはずじゃなかった」と。わが社には「女性はかわいいだけでいい」という男性が多い。私自身も、同じ職場の男の子に対して「すみません、女の子ですから」みたいな雰囲気、態度を取ることがある。男の子に「今度は僕の上司になるんですか」と言われたときは、コノーッと思ったけれど（事務職から総合職への転換者）。

【デメリットを背負っている】

・社内の電話でも、私が出ると「男の人に替われ」と言われる。事務職のほうが手続き関係などは詳しいので、事務職がいないときは返答の仕様がない。そういう電話があったとき、「すみません、今、(事務職の)女性がいないから」と言ったら、相手は「エッ、あなた転勤してきたの?」。私も「はぁ、そういうわけでもないんですが」と。(意味不明の応対になったが)私は総合職ですから、と名乗るのも嫌だったし。今はだいぶ認知されたが、わからないことが多いので黒子に徹している。取引先の担当者とはかなり親しくなったが、取引先の上司は女性を必ずしも温かな目で見ているとは限らないと、上司から注意された。自分ではうまくいっていると思っても、女性はデメリットを背負っているくらいに考えて仕事をしないと認められないと、一時間くらいトクトクと言われた(総合職入社)。

◇

総合職女性としてどう行動すればいいのか、どう処遇すればいいのか。総合職女性からも、管理職を含めた周囲の男性陣からも、試行錯誤や戸惑いが伝わってくる。均等法制定前後の時代はその意味では、惑いの時代だったのである。初めて、女性を企業のなかにまともに位置づけようとした時代だけに、戸惑うのは無理もないが、では総合職女性のその後は、どうなったのだろうか。

4　〝家庭〟に

結婚、出産で退職

先に紹介した金融機関系の民間研究所が一九九〇年にまとめた「女子総合職活用に関する調査・研究報告書」は、女性総合職のキャリアプラン予測を、本人の声のほか、研究所側が各人に接触した感触からの判断なども盛り込んでおこなっている。対象は先の3で生の声を紹介した面々で、計八人。うち、二人は事務職(一般職)からの職務転換組、ほかは一九八八年、八九年の総合職入社組だ。

二〇〇〇年時点で何をしているかをみると、職務転換組の一人Aは人事畑の管理職、もう一人のBは先輩であるAの後を受けて人事畑に異動し、管理職候補として仕事をしているという答えだった。

【総合職入社組のCからH六人の予想キャリアステップ】

・C＝A社の外向けの顔として注目を浴びる。海外の現地法人にも出向し、本店営業部で課長代理などを務める。

・D＝男っぽい性格で営業能力がある。残業も多い仕事人間。女性営業職の能力開発等の指導で頭角を現している。

・E＝優等生タイプ。人の上に立つのは苦手のようなので、スペシャリストとして養成する。キャリアを積めば支店長止まりの支店長候補にはなるが、本部の営業部幹部は目指していない。

・F＝対外的な折衝能力があり、支店、人事、海外などあらゆる経験を積ませる。本部の管理職登用の可能性もある。

・G＝バイタリティのある明るい性格。各支店長、地域の経営者からも可愛がられる。本店社長室での管理職候補。

・H＝業界内で顔が広い半面、本流のバンカーになる力はない。本部の中間管理職として育成する。

調査を終えた研究員たちは報告書に、「まとめ」として次のような言葉を寄せている。

「仕事をする自分は正しいという信念を持つのが、企業戦士型の女子総合職魂と言えよう。周囲もそのような彼女のプライドを尊重する体制でなければ、これからの本物の女子総合職はひとつの組織に一〇年も勤め続けない」

では、彼女らのその後がどうなったか。残念ながら、資料はない。A社はその後、他の金融機関との合併などがおこなわれ、キャリア形成も一九九〇年当時とは異なるものになった。一般論としては、均等法施行後に入社した総合職女性の定着率は、想像以上に悪かった。

公益財団法人21世紀職業財団が実施した「総合職女性の就業実態調査」(二〇〇〇年)によると、金融・保険業に勤務する総合職女性の就業継続率(二〇〇〇年二月時点)は、一九八六年入社組は一二・五%、八八年組は二四・六%だった。就業継続組の特徴は、独身か子どもがいない女性であるという。

当時、私も個人的に大手企業に勤務する女性総合職の就業継続率を調査していた。エネルギー関連企業の就業継続率は、一九九九年時点で八六年入社が三九%、八七年入社は二七%、八八年は六九%という状況だった(鹿嶋敬『男女摩擦』岩波書店、二〇〇〇年)。

「特別な人」でないと続かない

もう一つ、別の調査にもとづく当時の総合職女性の声のうち、厳しさを訴えるものにしぼって概要を紹介する。テンポラリーエデュコンサルトC・D・R研究所が一九九〇年に、入社一～三年の総合職女性に聞いたものである(総合職若手女性社員の意識実態調査報告書〈その1〉)。

• 社内のアメリカ留学生テストを受けた。英語、専門分野ともに最高の成績を収めたにもかかわらず、不合格だった。女性であることと、社内での評価があまり高くないセクションにいることが原因らしい。

• 年間一二～一六人の総合職女性が採用されるが、退職率が極めて高い。会社に、どう総合職女性を活用するか、定見がないのが原因だ。

• 男女が平等なのはうれしいが、仕事の質、量ともに相当きつく、こういう形が続くのであれば、結婚、出産をどう乗り越えろというのだろうかと不満が残る。

• 総合職女性には男性と対等なノルマ、力仕事が課される。頑張ってはきたが、今は希望を失いつつある。結婚や子育てに対し、会社はどのくらい柔軟に対応してくれるのだろうかと。

均等法の施行以来、毎年、新卒の総合職女性を採用しているが、次々に辞めてしまうのはそのあたりが原因ではないかと思う。

私が多くの総合職女性に取材をし、今も印象に残っているのは、「特別な人でないと働き続けられない」という言葉だった。特別な人とは、未婚の女性、既婚者でも子どもがいない女性たちである。

男性であれば、「特別な人」問題には直面せず、あたりまえに結婚し、子どもを持ち、仕事を続けていく。しかし均等法施行当時は社会一般の意識として、女性は仕事を持つ持たないにかかわらず、子育ては女性の役目という意識が男女ともに強かった。先に掲げた表II―1は入社後一年八カ月のあいだに一割強の総合職女性が会社を辞めたことを示しているが、そのおもな理由は結婚、妊娠、出産だった。

連合(日本労働組合総連合会)が、均等法施行(一九八六年)以降に総合職として入社し、一九九五年までに退職した女性に聞いた「女性総合職退職者追跡調査報告」(一九九六年)でも退職理由の上位には、「仕事に将来性がなかった」「結婚」「企業の体質が合わないと感じた」と、やはり「結婚」が第二位、第六位には「妊娠・出産」があがった。出産後も仕事を継続する場合の条件の上位三つは、「夫や家族の協力・理解がある」「安心できる保育施設が近くにある」「職場の同僚や上司の協力・理解がある」。複数回答だが、一位の「夫や家族の協力・理解がある」

は三六％と、支持率が突出していた（ほかは一割台）。

総合職にはなったものの、いま以上に大きかった家事・育児の負担の重さに対する女性の悲鳴が聞こえてくる。

家事・育児は男性も巻き込んで、が未成熟

財団法人東京女性財団がおこなった「均等法パイオニア女性はいま」（一九九四年）と題する調査結果も見てみよう。調査対象者は仕事を持つ女性たちで、性役割などを男女平等に考える平等志向、伝統的な性役割にこだわる伝統志向、その中間に位置する一般の三グループに分類しているのが、この調査の特徴だ。

「まったくそのとおりだと思う」を五点、「まあそう思う」を四点、「どちらともいえない」が三点、「あまりそう思わない」を二点、「ぜんぜんそう思わない」を一点とし、三者全体の回答率を分析すると、例えば「家事は男女の共同作業」という項目の四・一一点に対し、「女性は子どもが生まれても、仕事を続けたほうがよい」は三・二七点と低い結果だった。前者の「家事は男女の……」のグループごとの結果は、平等志向が四・六四点に対し、一般は四・二四点、伝統志向は三・三八点。後者の「女性は子どもが生まれても……」は、それぞれ四・〇二点、

三・二五点、二・六三点だった。

伝統志向の女性も家事は男女で、という考え方には特に反対していないが、子どもが生まれてからも働き続けることには反対論が強い。平等志向の女性が働き続けることへの支持率も、「家事は男女の……」に比べれば下がり気味だ。調査報告書は、当時は「女は家庭、男は仕事」という性による役割分担意識は弱く、夫婦関係や妻の就労に関しては男女平等意識が高かったと分析する。性別役割分担意識が弱かったと断言するのは、回答者の働く意欲が大変強く、かつ「女性が働くことはごく自然のことだという認識が定着」していたからだろうか。

キャリア形成中の女性は性別役割分担意識が弱く、仕事はやめたくないと思いつつも出産、育児で退職する女性が少なくなかったのは、「子育てに関しては非常に強い役割意識を持っている女性が多いから」だという。「家族とのしあわせな暮らしを犠牲にしてまでも、就労を継続したり、男性と同じように昇進をめざして働く意欲のある女性は少数派」であり、その結果、「〝再就職コース〟を理想のライフコースとして選択する女性」が、多数派になりつつあったと指摘する。

このような時代背景のなか、日経連（日本経営者団体連盟）は均等法が施行になって一〇年後の一九九五年に、「新時代の『日本的経営』」と題する報告書を公表する。「日本的経営システム」

の方向性を大胆に示したもので、話題を呼んだ。今後の雇用システムを、①長期蓄積能力活用型グループ（雇用期間に定めのない基幹職）、②高度専門能力活用型グループ（専門職。雇用期間に定めがある有期雇用）、③雇用柔軟型グループ（一般職。有期雇用）に分類したが、当時、私は③に位置づけられる非正規雇用の女性が増えるのではないか、と思ったものである。

I章3で触れたが、その予感通りの動きがいま、続いている。当時、日経連の報告書は女性の戦力化について、「女性が意欲をもって働く姿勢が基本」だとし、企業も能力開発を積極的におこない、制度、施設の拡充に努力する必要性を説いた。気になるのは、「初めに女性の働く意欲ありき」という注文だ。使用者側としてはそうかもしれないが、妊娠、出産などの問題を考えると、企業や夫の育児参画など「初めにサポートもありき」という就労環境でないかぎり、女性には厳しい注文である。九五年当時とは状況が変わり、現在は企業のサポート体制も充実してきたが、先に紹介した調査結果が指摘する、再就職が理想のライフコースという考えは、依然、女性たちに引き継がれている。

◇

均等法の施行前後、「とう年たって管理職」という言葉があった。男性よりも一〇年遅れで管理職になるという意味だが、実態は一〇年経てば家庭の〝管理職〟、主たる担い手になる女性が多かったのである。

　義務教育に携わる女性教員や医療施設、社会福祉施設などの看護師、保育士対象の育児休業法(正式には「義務教育諸学校等の女子教育職員及び医療施設、社会福祉施設等の看護婦、保母らの育児休業に関する法律」)ができたのは一九七五年(七六年施行)だが、すべての働く男女を対象にした育児休業法が施行されるのは、一九九二年四月である。育児関連のサポートを期待できなかった一九八〇年代後半は、働く女性の妊娠、出産は退職につながった。総合職といえども、無縁ではなかった。

　第一波のうねりにもとづく女性が活躍できる社会の構築が未完成に終わったのは、企業をはじめ社会全般に働くことに関する男女平等の理解が不十分だったことに加え、育児支援に関する法整備ができていなかったこと、家事だけでなく育児も男性を巻き込んで、といった理念が未成熟だったからにほかならない。

Ⅲ

「家庭を維持するのは私」という生き方

1　出産後

「次代を担う者」を育てる

一九八〇年代半ば。当時も、そして今も「家庭を維持する責任」は強く女性の肩にのしかかっている。たとえ総合職といえども、妊娠、出産などを契機に会社を辞めるのが一般的などという風潮は、家庭をきりもりするのは女性という社会通念以外の何ものでもない。

一九八五年制定の男女雇用機会均等法とは、そのような時代背景のもとで、前にも書いたように一九七二年制定の勤労婦人福祉法を改正してできた法律である。勤労婦人福祉法とは、働く女性（勤労婦人）の「職業指導の充実、職業訓練の奨励、職業生活と育児、家事その他の家庭生活との調和の促進」などを推進し、「福祉の増進と地位の向上を図ることを目的」とした法律だ。

その条文は、家庭責任は女性という前提で成り立っている。第二条（基本的理念）に、それは明白だ。「勤労婦人は次代をになう者の生育について重大な役割」を有し、かつ「経済及び社会の発展に寄与する者」なので、「職業生活と家庭生活との調和を図り」、「母性を尊重されつつしかも性別により差別されることなくその能力を有効に発揮して充実した職業生活を営むことができるように配慮されるものとする」というのである。

条文を見て、古いとか、女性に家庭を維持する責任を押しつけているなどというのは、今だからこそいえる批判である。制定年の一九七二年といえば、末期とはいえ高度経済成長期という言葉でくくられる時代である。固定的な性別役割分担の意識は、夫が勤め人として働くようになったこの時代に広く浸透したことを考慮すれば、勤労婦人福祉法二条は時代性を率直に反映したものでもある。だがこれが、それから一三年後に制定された男女雇用機会均等法第二条（基本理念）に、ほぼそっくり移行されているのである。

「女子労働者は経済及び社会の発展に寄与する者であり、かつ、家庭の一員として次代を担う者の生育について重要な役割を有する者であることにかんがみ、この法律の規定による女子労働者の福祉の増進は、女子労働者が母性を尊重されつつしかも性別により差別されることなくその能力を有効に発揮して充実した職業生活を営み、及び職業生活と家庭生活との調和を図ることができるようにすることをその本旨とする」

女性は「家庭の一員として次代を担う者の生育について重要な役割を有する者」、すなわち子育ての責任者であり、そのうえで仕事と家庭生活の調和を図りながら働ける環境整備を事業主に求めているのだ。

さらに均等法第二八条には、勤労婦人福祉法第一一条の条文が、「勤労婦人」という言葉を除けば、そのまま入っている。

「事業主は、その雇用する女子労働者について、必要に応じ、育児休業（事業主が、乳児又は幼児を有する女子労働者の申出により、その女子労働者が育児のため一定期間休業することを認める措置をいう。）の実施その他の育児に関する便宜の供与を行うように努めなければならない」

機が熟していなかった

均等法は育児責任も果たしつつ、しっかり仕事をと、女性に求めているわけだが、なぜ男性にも育児責任を求めなかったのだろうか。赤松良子は、後に座談会で、次のような趣旨の話をしている（私の解釈も入っていることを、ご了解いただきたい）。

――勤労婦人福祉法の制定時は家庭責任を持つのは女性という考え方が強く、国際的にも例えばＩＬＯ（国際労働機関）一二三号勧告（家庭責任を持つ婦人の雇用に関する勧告。一九六五年採択）は、そういう趣旨に立っていた。一九八〇年代に入ると状況が変わり、一九八一年に採択されたＩＬＯ一五六号条約（家族的責任を有する男女労働者の機会及び待遇の均等に関する条約）は、子育ての責任を男女労働者に課している。当時、国内では均等法の制定を論議をしていたが、その考え方が熟していなかった。男女双方に子育ての責任を課す育児休業法が制定されるのは、均等法制定から六年後の一九九一年（九二年施行）である（「高橋展子氏を偲ぶ『婦人の地位向上の歩みを振り返りながら』」『婦人と年少者』一九九一年秋号、財団法人婦人少年協会）。

赤松は、また著書『詳説男女雇用機会均等法及び改正労働基準法』（日本労働協会、一九八五年）で、次のように書いている。

――女子差別撤廃条約は子の養育をはじめ、家庭責任は男女が共同して分担する必要があるとしているが、わが国では（均等法制定当時は）女子がより重く負っている。それを踏まえた暫定的措置を確保することは均等待遇を実態として確保するためにも必要であり、職業生活と家庭生活の調和をもっぱら女子のみに規定した。

その後、この均等法第二条は一九九七年の改正で、女性労働者が性別によって差別されることなく、母性が尊重された充実した職業生活を営むことができるようにすることを基本的理念とすると、改められる。

「賛成反対」か、「同感するしない」か

均等法制定にまつわるこうした混乱は、固定的な性別役割分担の意識が強かったがゆえのものだが、公的な調査からは、必ずしもそれが浮かび上がってこない。一九九〇年度は「男は仕事、女は家庭という考え方」に同感する人は二九・三％、同感しない人三九・一％、どちらともいえない二九・四％。一九九五年度は順番に二六・八％、四八・〇％、二四・三％という具合である（内閣府調査、いずれも男女計、以下同じ）。同感派はいずれも二割台で、むしろ性別役割分担の意識は希薄とも言えそうだ。

一九九二年度の調査結果は、様相を異にする。「夫は外で働き、妻は家庭を守るべきである」という考え方に賛成（「どちらかといえば賛成」を含む。反対も同じ）の男女は六〇・一％、反対三四・〇％、わからない五・九％と、こちらは性別役割分担の意識が、かなり強いのである。短期間に、なぜこのような整合性が取れない結果が出るのだろうか。

推察の域を出ないことをお断りしておくが、同感するしないで聞くか、賛成反対で聞くかでかなり調査結果に変化が出る。同感するしないのほうは選択肢に「どちらともいえない」があり、こちらを選択する人が多いことも同感派が少ない一因だろう。このテーマは、判断に迷う人が多いのである。

質問にも相違がある。選択肢が同感するしない、どちらともいえないの質問は、男は仕事、女は家庭という「考え方」を問うものであり、賛成反対、わからないのほうは「夫は外で働き、妻は家庭を守るべきである」という「べき論」を問うものだった。これでは回答者の判断も微妙に変化する可能性がある。

一九七〇年代から八〇年代にかけておこなわれた調査では、同感するしない、賛成反対を両方聞いていた時期もあるが、内閣府は一九九二年度の調査から、「方向性を統一」し、それまでの調査名は「女性に関する世論調査」(または「婦人に関する世論調査」)だったが、九二年度は「男女平等に関する世論調査」、一九九七年度からは「男女共同参画社会に関する世論調査」と調査名を変更した(二〇一四年度分だけは「女性の活躍推進に関する世論調査」)。

方向性を統一したとはいっても、九五年度、九九年度の調査は同感するしないの考え方を、九七年度は賛成反対でべき論を問うている。賛成反対、わからないに統一したのは二〇〇二年度の調査からだが、このように見てくると、公的な調査からは二〇〇〇年初期までの固定的な性別役割分担の意識の変遷は、残念ながら読み取るのがむずかしい。

ちなみに二〇一六年度の「男女共同参画社会に関する世論調査」によると、「夫は外で働き、妻は家庭を守るべきである」という考え方に賛成する女性は三七・〇%、反対五八・五%、男性は四四・七％、四九・四％と、男性に比べて女性は固定的な性別役割分担に対して否定的に考える人が多くなっている。ただ九〇年代初期に同感派は二割台だったことを考えれば、繰り返しになるが、時系列的にこの問題を日本人がどう受け止めてきたかを考察するのは困難だ。

育児休業を利用した就業継続率

（単位は％）

上の地位 自営業主・家族従業者・内職	第２子出生前後	第３子出生前後
72.7(3.0)	…	…
81.7(4.3)	81.9(16.3)	84.3(17.6)
79.2(—)	76.8(28.8)	78.1(19.1)
71.4(2.5)	79.2(33.5)	77.0(27.6)
71.1(2.2)	76.3(43.2)	81.0(30.7)
73.9(8.7)	78.1(51.3)	79.1(45.0)

産後も就業を継続していた妻の割合，（　）内は

所）

第一子出産後はパート・派遣へ

Ⅱ章４で紹介した「均等法パイオニア女性はいま」の調査結果がいう、九〇年代初期は女性は「子育てに関しては非常に強い役割意識を持って」いたという指摘は、国立社会保障・人口問題研究所が五年ごとに実施している出生動向基本調査結果から証明できる（表Ⅲ—１）。

均等法が制定された一九八〇年代後半から最新の二〇一〇年代までの、第一子出産前後の妻の就業継続率を比較すると、「均等法パイオニア女性はいま」の調査年次である「一九九〇〜九四年」のそれは約四割である。一〇人中六人が辞めてしまうのは、確かに子育ては女性という役割意

表III-1　結婚・出産前後の妻の就業継続率，および

結婚年／子の出生年	結婚前後	第1子出生前後	第1子妊娠前の従業	
			正規の職員	パート・派遣
1985〜89年	60.3	39.2(9.2)	40.7(13.0)	23.7(2.2)
90〜94	62.3	39.3(13.0)	44.5(19.9)	18.2(0.5)
95〜99	65.1	38.1(17.6)	45.5(27.8)	15.2(0.8)
2000〜04	71.7	40.5(22.6)	52.4(37.5)	18.1(2.2)
05〜09	71.8	40.3(27.0)	56.5(46.3)	17.6(4.7)
10〜14	81.3	53.1(39.2)	69.1(59.0)	25.2(10.6)

注：就業継続率は結婚前・妊娠時に就業していた妻に占める結婚後・出
育児休業制度を利用して就業を継続した割合
出典：2015年第15回出生動向基本調査(国立社会保障・人口問題研究

識の強さも反映していると考えることができる。

一九九二年には育児休業法が施行されたとはいえ、サポート体制が十分ではなかったことの現れでもある。育児休業制度の利用者は正規の職員で就業を継続している人の二割でしかなく、パート、派遣などのグループにいたっては〇・五%という状況だった。

「二〇一〇〜一四年」は第一子出産前後の就業継続率が、ようやく過半数に達した。政府が日本再興戦略に女性の活躍推進を盛り込んだのは二〇一三年版からなので、それ以前からの仕事と家庭の両立策などが功を奏したと解釈するのが妥当だろうが、「五三・一%」という数字は、正規職員やパートなど非正規職員、自営業者を含めた数字だということである。

正規職員だけにしぼれば、約七割(六九・一%)の女性が就業を継続している。より正確に言えば、これは「第一子妊

娠前の地位」が正規だった女性の数字で、その後、出産にいたる過程でパートなどに替わった人もいる可能性があるが、国立社会保障・人口問題研究所の担当者に確認したところ、この数字を正規職員の就業継続率と見ていいのではということだった。

正規で働く女性の数字が、なぜ七割もの高率なのかと女性たちに聞くと、いったん辞めたら正社員になるのが厳しいから、という答えが多かった。

一方、パートや派遣女性の就業継続率は四人に一人で、ほかの三人は第一子出産前後に退職している。正規と非正規で大きく差が開いた理由のひとつには、育児休業制度を利用できるか否か、がありそうだ。正規雇用の女性は六割が制度を利用しているが、非正規の女性は一割。二〇一〇年代以前は一％未満から二％、よくても五％弱という期間が長く続いた。

同基本調査によると、出産後も正規雇用として働く妻の九八％が、第一子が三歳になるまでのあいだに育児休業制度だけではなく、保育所や保育ママ、ファミリー・サポート・センターなどの子育て支援制度や施設を利用している。こうしたサポートの仕組みなしには、共働きは続けられないが、じつは肝心のサポーターが抜けている。夫である。

初期の均等法は、女性を子育てという「重要な役割を有する者」に位置づけ、そのうえで「能力を有効に発揮して充実した職業生活を営む」よう求めたが、現在は男性の家事・育児参画も重要な課題である。雇用の機会だけではなく、家事育児参画も男女に均等に開かれている。
その役割を男性は果たしているのだろうか。仕事だけをしていれば、いい夫、いい父親なのだろうか。その古典的な問いかけを、個人的な体験も交えながら改めておこないたい。

2 夫の育児参画

夫は「午前」、妻は「午後」

一九七〇年代は、私にとって子育ての時期だった。一九七五年には息子が、七七年には娘が生まれ、二人ともゼロ歳から保育所に預けた。私は新聞記者、妻は地方公務員。息子が生まれる前に自宅から保育所まで徒歩数分の場所に引っ越すなど、共働きの体制を整えてはいたが、実際にスタートすると大変であった。まだ育児休業制度などない時代だけに、夫婦で役割分担をしながら子育てをした。

わが家の場合は大きく午前中の担当、午後の担当と夫婦で分担し、前者は私、後者は妻の担当という取り決めをした。保育所に送っていくのは午前中の担当の私で、大変楽しい役目だった。娘を抱っこし、息子の手を引いて歩いて保育所に行く数分間は父親になったことを実感するひとときでもあった。ただ、午前中に何かことが起これば、午前中担当の私の責任で対応するという約束になっていた。ひたいに手をあてたら熱があった、というときは私が病院に連れていくのである。

新聞記者は裁量労働制にもとづく仕事であり、その意味では助かった。出退勤のタイムレコーダーがなく、仕事時間を自由に組み立てることができた。今だからこそ言えるのだが、子どもが急病のときは表向きは取材と称して、病院に連れていったことがある。「午後担当」の妻が帰宅するまで面倒をみて、バトンタッチをする。病気をすると保育所は受け入れてくれないので、病気が長引き、かつ私たち夫婦が二人とも多忙の場合は、妻の母が電車で二時間くらいかけて泊まりがけで家まで来て、世話をしてくれた。会社の上司、先輩には「うちの会社は共働きをしなくても食っていける給料を払っているはずだが」と半ば冗談に言われたりしたこともあった。そのような趣旨の話を妻にしても、彼女は受けつけなかった。妻は一生の仕事として、自分の専門を維持したいという思いが強かった。

新聞社のデスク(記者の原稿を見る役職。部次長)になると、出勤も早くなり、「午前担当」がむずかしい日もあった。そこで保育園の送迎を近所の誰かに頼めないかと思い、張り紙などして募集したところ、何件か反応があって、そのうちの一軒にお願いした。

現在、私がかかわっている一般財団法人女性労働協会では、地域住民による子育ての支え合い活動として子どもを預ける・預かるの関係を構築するファミリー・サポート・ネットワーク事業を展開し、全国のファミリー・サポート・センターに対して相談事業や情報提供などをしている。その呼称を借用すれば、当時のわが家のそれは鹿嶋ファミリー・サポート体制だった。

ただ、サポート家庭への月額と保育所への保育料を合算すれば結構な負担になった。それでも子どもを保育所に預けて共働きを続けるのか、夫片働きで妻は専業主婦になるのか。妻は後者など絶対に受けつけない人だったが、一般論として言えば、その選択を毎日突きつけられているような日々であった。

もちろん夫婦で保育所への送迎が可能なときは依頼しないが、それがむずかしい日は私が預け先に送っていき、迎えは妻が出向く。息子に当時の思い出を聞いたら、「アウェイ感が強かった」と言った。それを乗り切れたのは、「妹といっしょだったから」。

「妹」もそうだったのか、最愛の娘にも確認したかったが、二〇〇八年五月、海外駐在を終えて帰国した三カ月後、一人旅に出かけたボリビアでの理不尽きわまりない交通事故で帰らぬ人となった。

負担が大きかった迎え担当の妻

話を戻そう。夫婦で保育所へ送迎していた当時、午後五時になると保育士が時間外の保育担当者に代わる。迎えに行った妻によると、遅いときは保育所には担当の保育士とわが子しかいないこともあり、「かわいそうだった」と回顧する。息子は、当時の保育所は躾《しつけ》をあまりしないから、小学生になったとき、それがあまりできない子どもだった、と言う。さらに小学校の同級生には保育所出身者はほとんどいなかったので、「保育所は勉強を教えないからだめだ」などのいじめにあったそうで、低学年のころは、それで泣いてしまった記憶がある、とも。

息子が小学生になった時点で、大きな変化があった。家に誰かがいないと寂しいだろうと、私の両親に同居を頼み、学童保育は利用しなかった。両親とは子どもが中学生になると、また別居するなど、本当に子育てで振り回してしまった感じである。

もう一つ、私と妻が対等に育児参画をしてきたような書き方をしてきたが、そうではない。朝の送りの担当より、迎えの担当のほうがはるかに負担が重かった。迎え担当は、どんなに多忙でも所定の時刻までには帰宅しなければならない。その後、夕食の準備を一手に引き受けるのである。妻は、子どもたちの手を引き、近所の商店街まで夕食の買い物に出かけるのは、それなりに楽しかったと言っているが、かなり大変だったはずである。

今から四〇年以上も前の話である。私と妻双方の親への依存、わが子への精神的な負担、妻への過重負担……。それまでして共働きをする必要があったのか、という自問自答は常について回った。娘とは心の対話しかできなくなったが、保育所で育ててよかったのか、という思いは、いまだに心のどこかにある。自問自答を繰り返しながらの、そしてこの子たちがいるからこそ生きる気力も湧くという思いの子育てだった。

保育所への送り迎え

いま、保育所への送り迎えをどうしているのだろうか。

「妻からみた夫の労働時間――「労働時間に関するアンケート調査(妻調査)」結果分析」(労働政策研究・研修機構、二〇一一年)の結果では、妻が正社員の場合、妻自身が「送り」を担当する割合が七割強、「迎え」は八割強という結果だった。自分で送迎をするのはパートがもっとも多く、送りは九割弱、迎えは九五%が自分でしている。夫の出番が多いのはやはり妻が正社員の場合で、四割の夫が送りを、二割強が迎えにいっている。妻がパートの夫は出番が少なく、送りを担当する人二割、迎えは一割という結果である(図Ⅲ―1)。

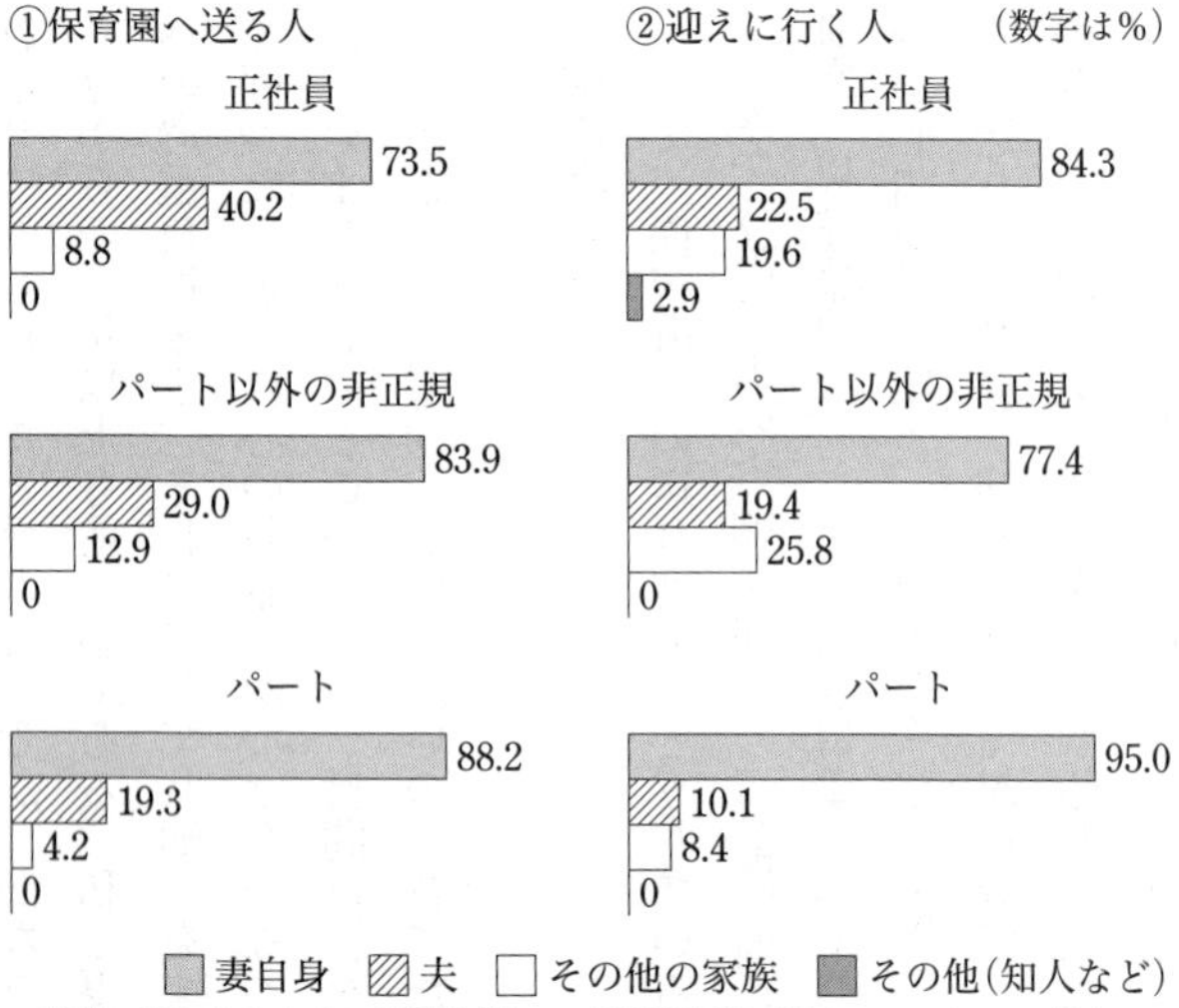

出典：妻からみた夫の労働時間――「労働時間に関するアンケート調査（妻調査）」結果分析（独立行政法人労働政策研究・研修機構，2011年）

図 III-1　保育園の送迎

私も含め、迎えを担当する夫が少ないのは、長時間労働だからであろう。保育所の閉園までにわが子を迎えにいけない夫が多く、その負担を妻が抱え込む結果になる。

この問題は、妻に非正規雇用者が多い問題とも無縁ではない。パートに従事する妻が正社員やほかの非正社員の妻に比べて、保育所への送迎を含め、多くを自力で解決しようとするのは、子育て観の反映という見方もできる。子育てに手を掛けたいという思いから、正規雇用ではなくパートを選んだ可能性もある。正社員で働くか、パートで働くかを決めるにあたり、妻自らが保育園への送迎が可能かどうかも、大きな選択要因になっているのであろう。

世代間にバラツキ

男性の育児参画全体を眺めれば、例えば育児休業の取得状況は、二〇一七年度は男性は五・一四%である。一六年度(三・一六%)に比べ、一・九八ポイント上昇したが、女性の取得率八三・二%に比較すれば、段違いの低さだ(二〇一七年度雇用均等基本調査、厚生労働省)。

育児休業期間にも、大きな差がある。二〇一五年度のそれは、女性は「一〇カ月～一二カ月未満」が三一・一%ともっとも高く、次いで「一二カ月～一八カ月未満」(二七・六%)が第二位で続く。男性でもっとも多いのは「五日未満」で、過半数(五六・九%)を占め、「五日～二週間未満」(一七・八%)、「二週間から一カ月未満」(八・四%)を合わせると、一カ月未満が八割を超える。その意味では男性の育児参画といっても、頼りにはならない(二〇一五年度雇用均等基本調査、厚生労働省)。

ＩＬＯ一五六号条約が子育ての責任を男女に課しているとはいえ、さらには男女共同参画社会基本法の第六条が、「家族を構成する男女が、相互の協力と社会の支援の下に、子の養育、家族の介護その他の家庭生活における活動について家族の一員としての役割を円滑に果たし、……」と強調しているとはいえ、現実には妻への依存がはなはだしい。

私が子育てにかかわっていた当時は、育児休業制度はなかったが、あれば長期間休んだだろうか。自信はない。理由は、私たちの年代だと、心のどこかに「男は仕事」という性別役割分担の意識が潜んでいるからだ。いや、私たちの年代だけではない。固定的な性別役割分担意識は再生産されるので、若い男性でも程度の差こそあれ、似たような状況ではないかと思ってデータを見たが、確かにその通りだった。

「夫は外で働き、妻は家庭を守るべきである」という考え方に賛成の男性は二〇～二九歳は四割を占める(四〇・三%)。ただ、男性の場合は三〇代、五〇代の支持率は三割台、四〇代、六〇代は四割台と規則性がない。女性の場合は男は外、女は家庭という役回りに賛成の人は、二〇～二九歳は半数近い(四七・二%)。男性以上に支持率が高いが、三〇代から六〇代は三〇%台に落ち込む。もっとも低かったのは五〇～五九歳の三〇・二%だった(二〇一六年度男女共同参画社会に関する世論調査、内閣府)。

このように、男性の性別役割分担意識には世代間のバラツキがあり、規則性がないのは、日ごろ家事、子育て、地域との付き合いなどは妻任せなので、性別役割の賛否と言っても観念的にしか考えられないからではないか。その点、女性にはそれらの負担が重くのしかかる分、調査結果に現実味がある。未婚者が多い二〇代女性は性別役割分担を男と女ってそんなもの、と考えるにしても、既婚者が増える三〇代以降はのしかかる家のことを切りもりする負担や子育ての負担の大変さを肌で感じているはずだ。だからこそ、この数字は、男性に対し、「もっと家回りのことをするように」と求めている証《あかし》だと解釈している。

〝性別社員分離〟の構図とは

三〇代以降の女性の、性別役割分担の支持率が落ち込むのは、ざっと以上のような理由からだと推察するが「子どものいる世帯の生活状況および保護者の就業に関する調査2016」(労働政策研究・研修機構)によると、母親が就業を継続できるか否かには、大きく三点が絡んでいる。第一子出産から出産後三年くらいまでのあいだに仕事を辞めた理由のトップは、「仕事と育児の両立が難しいと判断したから」(二位は「子育てに専念したかったから」)だが、その具体的な理由を聞いた結果が図Ⅲ―2である。一つは体がもたない、二つ目は勤務先のワーク・ライフ・バランス(仕事と生活の調和)が不十分、三点目は保育所に入れない、である。

一点目の体がもたない状況の改善策の一つが、共働きの妻にすべてを任せず、夫が保育所の送迎をはじめとする育児や家事に参画することだが、父親の炊事、洗濯、掃除などに費やす一

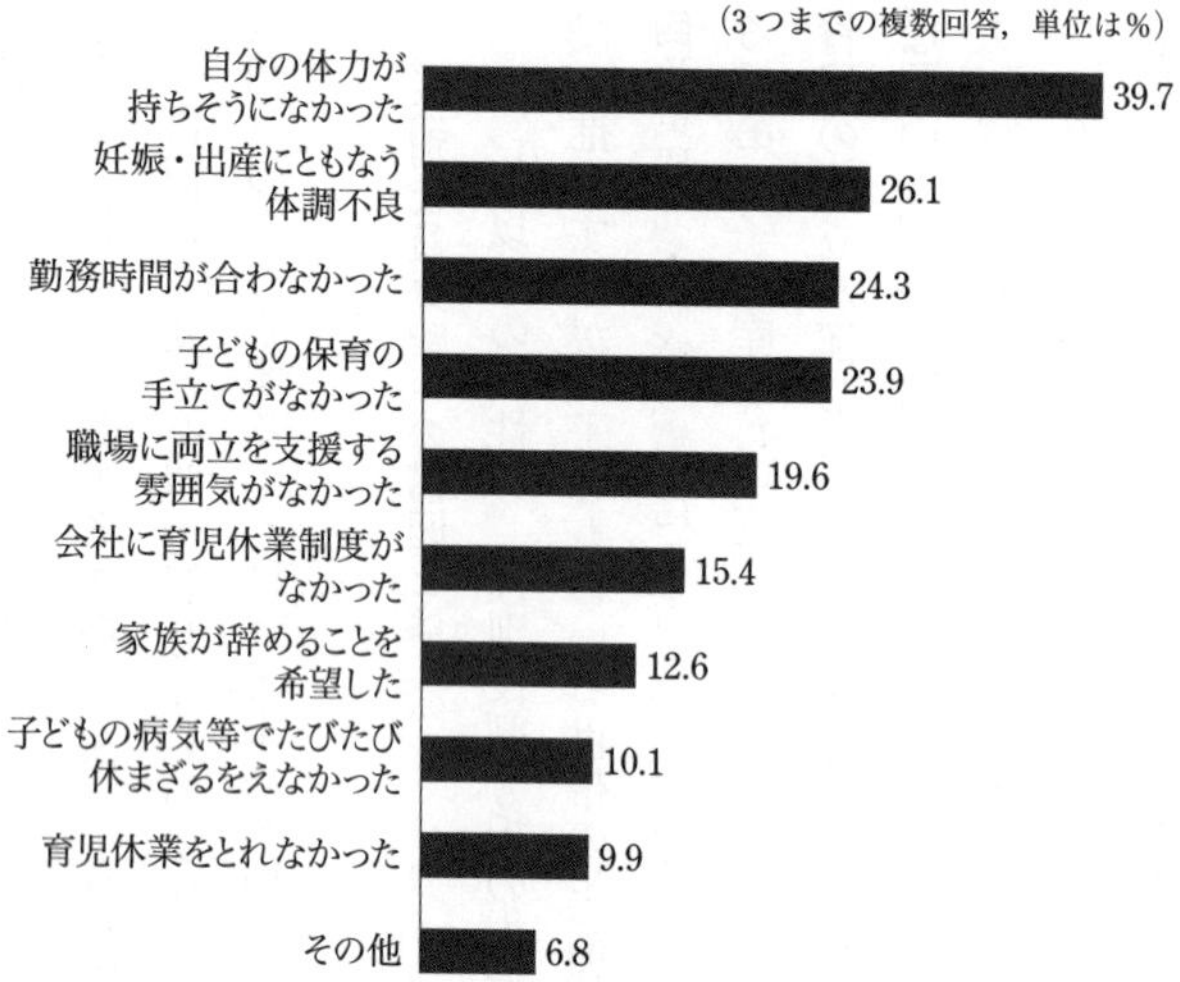

出典：子どものいる世帯の生活状況および保護者の就業に関する調査 2016
（労働政策研究・研修機構，2017年）

図 III-2　仕事と育児の両立がむずかしいと判断した理由

日の平均家事時間は、全国調査の結果では三二分でしかない。家事をまったくしない（家事時間がゼロ）父親の比率は三割強だった。夫婦がおこなう家事・育児の総量を一〇とすると、三以下の父親（まったくおこなわない、ゼロを含む）が八割強を占めた。しかし、五以上と家事・育児の半分以上を担う父親も、二〇一四年調査の八％強から一割近く（九・七％）に増えている。

二点目のポイント、ワーク・ライフ・バランスが不十分なのは、政府が女性活躍を推進し、仕事と家庭の両立例が増えているにもかかわらず、その内容が不十分ということだろう。

三点目の保育所に入れないは、国や地方自治体の責任である。女性の活躍を政策の前面に押し出すのなら、まずは保育所の待機児童問題解消に向け、積極的に手を打つべきである。

以上三点が改善されれば、夫の家事・育児参画は進むだろうか。先に私は、四十数年前の子育て期に育児休業制度が完備していたら、長期間休んだかと自分に問いかけ、休んだと明解な答えを出すのに自信がないことを述懐した。筒井淳也立命館大学教授によれば、日本で「男性稼ぎ手」モデルが根強いのは「安定した稼ぎと引き換えに引き受けなければならない働き方が、私生活のライフプランを強力に制約してしまうことにある」という。具体的には「職務内容の転換を引き受けること、長時間労働を引き受けること、そして転勤を引き受けること」で、それと引き換えに「安定した雇用を保障される」(筒井淳也「家族キャリアの展望を可能にする働き方を」『日本労働研究雑誌』二〇一七年一二月号、労働政策研究・研修機構)。

昇進とはそれらと引き換えに手にするものだとすれば、夫の目はどうしても仕事に向いてしまうし、妻も仕方がないと許容する。そうしたアンバランスのうえに共働きが成り立ち、その結果が夫は正社員、妻は非正社員という〝性別社員分離〟の構図なのだ。

「家事育児も半分半分に」

極論すれば長時間労働は家庭責任が必ずしも十分とはいえない男性だけが抱える課題で、女性は家事、育児負担がのしかかる分、ワーク・ライフ・バランスのとれた仕事のあり方を模索する。そんな構図でもあるが、女性の活躍推進がたどり着く先、そこでは男性も家事、育児にさらに積極的に参画する必要がある。

四十数年前、私も育児には積極的かつ誠実に向き合ってきたと自負していたが、娘は社会人になってから、私にこういう趣旨のことを言ったことがある。「おとん(私の呼称)はおかん(妻の呼称)ほど子育てなど家庭のことはしなかったのではないかなぁ。おかん任せだった気がする」と。娘は、自分の夫には家事育児も半分半分にこなしてもらおうと考えていたようで、婚約者は事故後、「男性の家事育児がいかに共働きを続けるうえで大切か、一晩がかりで説き伏せられたこともありました」と話してくれた。

3　新たな主婦論争の可能性

「外さん」が出始めたころ

「奥さん」に対置する言葉に、「外さん」がある。家庭の外で働く女性たちの総称で、造語したのは佐橋慶（元アイディア・バンク社長。後に慶女と名乗る）だと、『婦人と年少者』（一九八五年春号、財団法人婦人少年協会）の巻頭言で自ら書いている。その巻頭言「〝外さん〟増大への疑問 家庭はどこへいってしまうのか」に目を通すと、現在の女性の活躍推進の時代にも一部通じる問題提起をしている。そのポイントを列挙するが、今から三十数年前の、男女雇用機会均等法が制定された年のものだということを念頭に置いて目を通してほしい。

- 外さんという言葉を造語した一〇年前は、外さん族には、はみ出し主婦のイメージがあったが、今は有配偶女性の半数が働いている。主婦の生活行動は外に広がり、家庭に閉じこもっていることへの焦りを覚える人が多い。
- 外さん化によって家族のかかわりあい方や近所との付き合いなど、従来、女性の役割とされてきたものが、うまく回らなくなってきている。家庭の中の役割分担や夫と妻との力関係、子どもとの関係がどこの家庭でもおかしくなってきている。従来の男のワク、女のワクとされていたものが崩れ、新しいワク組みを強いられているが、なかなか思うようにいかない。

• 仕事か家庭かと従来の家庭の運営上のワクで考えては問題は解決しないし、再編成はできっこない。男は外、女は内という従来のワクを外し、新しい生活の価値観に合わせたルールづくり、例えば男の家庭参加、子どもの参加のバランスといおうか、シェアリングを考えないことには家庭は崩壊してしまう危機にさらされている。

「外さん」を造語したのはこれが書かれた一〇年前、ということは一九七五年ごろ。国連が定めた国際婦人年で、一〇年かけて女性の地位向上を目指し各国にうながしたこともあって、日本でも「外さん」なる女性が増え、男性にもその後、「男の子育てを考える会」とか「男も女も育児時間を！　連絡会」（育時連）など、男性の子育てを考えるグループが誕生する。佐橋は巻頭言でこうした背景を踏まえながら、「男は外、女は内」のワクを取り外すことを主張し、男女間の参加のバランスを提言している。

これらの指摘は今にも通じるものだが、一方でタイトルだけをみれば、一種の主婦論争的な意味合いが込められていると思うのは、私だけだろうか。「〝外さん〟増大への疑問」という発想は、心の内に外さん化の否定があるのではないか、と思うのである。

「主婦の自由」を謳歌?

主婦論争――一九五〇年代半ばから七〇年代前半までの女性の生き方をめぐる論争を上野千鶴子東京大学名誉教授は第一次から第三次主婦論争に分類してまとめた(上野千鶴子編『主婦論争を読むⅠ／Ⅱ 全記録』勁草書房、一九八二年)。〝外さん〟の造語が登場したのは一九七〇年代初頭の第三次主婦論争(一九七二年。これは雑誌などへの論文掲載年。以下同)の少し後くらいではないかと推察する。第三次主婦論争の口火を切ったのは、評論家の武田京子である。上野によると武田の論文、「主婦こそ解放された人間像」は「主婦労働者化が大量現象となりつつあった時代の、「専業主婦」のアイデンティティ模索の作業」と見ることができるという。武田の主張は、次のようなものだ(『主婦論争を読むⅡ 全記録』所収)。

「私たち主婦は、現代の社会に存在するどんな人間よりも、より人間的な生き方をしている。あるいは、それができる状況にいると、自信を持つことである」

「「生産」よりも「生活」に価値をおくという主婦の論理を、男性も働く女性も巻き込んで押し広げていくことが、……まず第一になされねばならない」

高度経済成長期以降は、家庭にいた専業主婦たちが労働力として労働市場に出ていくが、武田の論文は「主婦労働者化の道を選ばなかった専業主婦が、揺れ動くアイデンティティを再正統化する試み、と読める」と上野は指摘する。ちなみに第一次主婦論争の時代(一九五五〜五九年)は主婦の職場進出の是非を問い、第二次主婦論争(一九六〇〜六一年)は家事労働有償論など、家事労働の価値をめぐっての議論である。

上野の分析を受け継ぐ形で、第四次から第六次主婦論争の定義、分析をおこなったのが妙木忍東北大学准教授である(妙木忍『女性同士の争いはなぜ起こるのか』青土社、二〇〇九年)。第四次主婦論争(一九八七〜八八年)は別名アグネス論争の時期で、香港出身の歌手、アグネス・チャンが子どもを連れて楽屋に入ったことを歌手の淡谷のり子が批判したことが発端となって起きた論争だ。そこでは男女雇用機会均等法(一九八五年制定)と育児休業法(一九九一年制定)のあいだに生まれた、仕事と子育ての両立問題が俎上《そじょう》に載せられた。

第五次主婦論争(一九九八〜二〇〇二年)は「専業主婦のゆらぎ」が論点になった。第六次主婦論争(二〇〇三〜〇五年)は別名「負け犬」論争と妙木は定義している。エッセイストの酒井順子が著書のなかで「未婚、子ナシ、三〇代以上の女性」を「負け犬」、「普通に結婚して子どもを産んでいる人達」を「勝ち犬」と定義したことを契機に起きた議論である。

再び冒頭で「巻頭言」を紹介した佐橋、第三次主婦論争の口火を切ったといわれる武田の話に戻れば、両氏とも新聞社時代に取材や原稿依頼で付き合いがあった人たちである。特に佐橋には、「心の内に外さん化の否定があるのではないか」などと、それに甘えて失礼な指摘をしたとしたら、お詫びをしなければならない。当時、私が書いた記事のなかから第三次主婦論争に絡むものを紹介しておくと、「主婦的状況」がある(「現代のおんな心を映す新・女性用語事典」『日本経済新聞』夕刊、一九八二年三月三一日)。夫の稼ぎで生活する専業主婦がわが身を卑下し、「私、いま主婦的状況なの」などと使ったことを取りあげている。

「ちょっとインテリくさい言い回しなので多用する人が多い」と文中でコメントしたが、武田の論文が議論を呼んだ第三次主婦論争にいう「主婦の自由」は、その主婦的状況の女性、上野の言葉を借りれば「夫の経済力への依存＝寄食が可能な階層にのみあてはまる」ことも確かである。主婦の自由を謳歌できない女性が多いからこそ、労働市場に仕事を求め、どう家庭との調整を図るかの問題に遭遇し、夫の家庭参画の問題に発展してきたのである。

リプロダクティブ・ヘルス／ライツ

さて、第六次主婦論争に続くものとしたら、今後、何が考えられるのだろう。女性の活躍推進に絡めた議論が深められてもいいと考えているが、そのなかでも特に少子化の絡みでの論点を考えてみたい。

まだ大きな論争にまでは至っていないが、第4次男女共同参画基本計画策定の議論の過程で、委員のなかから少子化に絡んだ問題提起があり、その内容は議事録に収め、公開されている（内閣府男女共同参画局「計画策定専門調査会」第八回議事録、二〇一五年三月二五日）。議論のポイントを、議事録から紹介したい。

- **Aの主張**　結婚、出産の自由の強調は、個人の自由という観点からは当然だが、同時に家族を形成する意義、親になる価値を軽視してきた側面がある。少子化ということから考えると、女性の自己決定権が、一方で家族とか生命倫理の基本的な価値を否定しかねないという側面がある。リプロの強調によって女性の自己決定権を絶対化し過ぎると、少子化対策の阻害要因となるおそれがある。
- **Bの主張**　少子化の問題は非常に深刻で、どうにかしなければいけないと思うが、果たして家族が軽視されていることが主要因なのかどうかというのがよく理解できない。いろいろな調査からなぜ子どもを産まないかをみると、経済的理由等いろいろなことが出てきている。もう少し広く何が主要因かというのをきちんと把握する必要がある。
- **Cの主張**　少子化大綱の策定にかかわったが、既婚カップルの子どもの数はそんなに変わっていない。基本的には未婚化が少子化の原因だ。未婚化といっても結婚したくない人は増えていない。みんな結婚したいと思っているのだが、結婚したくても出会いがない、パートナーがいるが経済的な理由で結婚できない、などの人がいる。家族は要らないんだ、結婚しないという人が増えているわけではなく、独身者の八割は結婚したいと思っている。

・**鹿嶋の主張**　Aはリプロを敵視していないか。

・**Aの主張**　敵視はしていないが、もう一方の権利、胎児の生命権とか生命倫理の側面があまりにも軽視されている。バランスが取れれば結構だ。

この議論の根底にあるリプロとは、リプロダクティブ・ヘルス／ライツ（性と生殖に関する健康と権利）の略語である。

男女共同参画社会基本法の制定（一九九九年）前、一九九六年に公表された男女共同参画ビジョンによると、リプロとは個人、特に女性の健康（病気ではなく、身体的、精神的、社会的に安寧《あんねい》な状態にあること）の自己決定権を保障する考え方である。それらをすべての人々の基本的人権として位置づける理念で、その「中心的課題」に含まれているのが、「いつ、何人子どもを産むか産まないかを選ぶ自由」「安全な妊娠・出産、子どもが健康に生まれ育つこと」などである。

それに制約をつけるかどうかが議論になったわけだが、第4次男女共同参画基本計画は「第6分野　生涯を通じた女性の健康支援」のなかの「基本的な考え方」で、「男女が互いの身体的性差を十分に理解し合い、人権を尊重しつつ、相手に対する思いやりを持って生きていくことは、男女共同参画社会の形成に当たっての前提」とし、「特に、女性は妊娠・出産や女性特有の更年期疾患を経験する可能性があるなど、生涯を通じて男女が異なる健康上の問題に直面することに留意する必要があり、「リプロダクティブ・ヘルス／ライツ」(性と生殖に関する健康と権利)の視点が殊《こと》に重要である」としている。

女性の社会進出が少子化をうながす?

少子化をデータから追ってみたい。

それを表すのが、合計特殊出生率である。一五歳から四九歳までの女性の年齢別出生率を合計したもので、一人の女性が一生に生む子どもの数に相当する。人口を維持するうえでの数値は二・〇七だが、少子化が進み、二〇一七年のそれは一・四三だった。政府が二〇一五年に掲げた希望出生率一・八には及ばない。一九九〇年には一九八九年の合計特殊出生率(一・五七)が、丙午《ひのえうま》の年で過去最低の数値だった一九六六年のそれ(一・五八)を下まわり、一・五七ショックという言葉が生まれたが、現在は一・五台を下まわっている。

天野馨南子ニッセイ基礎研究所研究員は、女性の活躍推進が少子化推進につながりかねない状況を危惧し、同名の報告書も公表している(天野馨南子「基礎研レポート「女性活躍推進」=「少子化推進」の失敗を繰り返さないために」ニッセイ基礎研究所、二〇一五年)。天野は低出生率を生み出したのは女性の社会進出に一因があり、それは他の先進国と同じだとする。勤労婦人福祉法施行(一九七二年)当時の合計特殊出生率は二・一四だったが、その後の「女性の社会進出を保障する法制度整備とともに急激に低下している」。少子化の進行に歯止めをかけるには、従来の育児支援を中心にした子育て支援策では不十分であり、晩婚化、晩産化に焦点を当てた政策が不可欠だというのだ。

その一つが、「正しい妊産適齢期の認知を促進すること」だという。女性は加齢とともに妊娠しにくくなる。三五歳を過ぎると妊娠力が低下する――という知識が、日本では欠落しているというのである。もう一点が男性の「生殖適齢期」だ。こうした「男女の生殖適齢期の認識を十分にふまえた女性活躍推進政策を進めることが、……望ましい」とし、「中学生からの生殖適齢期教育の徹底した実施」を提案している。

い。

「適齢期」をどう受け止めるか

私の立場はどうなのか。産む産まないの選択は女性の権利、という自己決定権を保障したリプロに制約を加えるのは反対である。それに制約を加えるのは、女性への人権侵害と言っている。

一九九六年公表の男女共同参画ビジョンは「女性は子どもを産んで一人前といった考え方が根強くあり、こうした社会的圧力に悩む女性も少なくない。これらは、いずれもリプロダクティブ・ヘルス／ライツが十分に保障されていないことの表れとみることができる」と書いている。だからこそ第4次男女共同参画基本計画の第6分野、「生涯を通じた女性の健康支援」には、「『リプロダクティブ・ヘルス／ライツ』の視点が殊に重要である」と盛り込んだのである。

天野研究員の主張は新たな主婦論争の問題提起の一つとは思うが、個人的には「適齢期」なる数字に人生を押し込められることへの疑問がある。ひところ「結婚適齢期」という言葉が言われ、そのなかには出産の適齢期という意味も込められていたが、最近は使わなくなった。「適齢」が人の人生を縛るからだと私は解釈している。いずれにしろ「妊産」「生殖」に関する適齢期論争は、女性の活躍推進に絡めるなどして、今後、展開されることがあるのではないか。

少子化にともなう人口減は、適齢期という言葉では理解できない要素をはらむことも指摘しておきたい。

いま、夫婦が実際に持つつもりの子どもの数(予定子ども数)は二・〇一人で、「理想とする子ども数」の平均値二・三二人を下まわる。その理由のトップに上がるのは、「子育てや教育にお金がかかりすぎる」(五六・三%)である。特に妻の年齢が三五歳未満の若い層は、この経済的な理由をあげる夫婦が八割前後を占める。また妻の年齢が三〇代の夫婦では「自分の仕事に差し支える」「これ以上、育児の心理的・肉体的負担に耐えられない」の回答率がいずれも二割台で、他の年齢層よりも高かった(第一五回出生動向基本調査、国立社会保障・人口問題研究所、二〇一五年)。

晩婚化が進むなか、少子化の背景には生理的な要素だけではなく、経済的、精神的な要素などども複雑に絡んでいる。

経済団体からの提言

今後は少子化論議のなかで、男性の育児休業の取得を推進する動きも活発になりそうだ。少子化克服戦略会議(少子化担当大臣の私的諮問機関)は二〇一八年六月、「社会経済の根幹を揺るがしかねないまさに国難とも言える状況」にある少子化を克服するにあたっての提言をまとめた。具体的な施策の一つとして、男性が育児をしやすくするため、育児休業の分割など弾力的な育児休業制度を検討することが上がっている。

内閣府男女共同参画局もかつて、「少子化と男女共同参画に関する専門調査会」(二〇〇四年一〇月〜〇六年一二月)を置いていた。

経済団体も、男女共同参画と少子化を絡めた議論に熱心だった。例えば公益社団法人経済同友会は一九九八年に「少子・高齢化社会への提言」を公表し、「目指すべき理想の社会像」の一つに「男女共同参画型社会」(「男女が連携し、共同して参画する社会」)を掲げた。二〇〇五年にはより具体的な提言として「個人の生活視点から少子化問題を考える」を公表、「提言にあっての基本的な考え方」に「女性の社会進出を少子化の原因とする議論からの脱却」を盛り込んだ。「育児を過重な負担としないよう、母親一人がすべてを抱え込まなくてもよい環境を整備する」と提言している。二〇一〇年公表の提言「次世代につなげる実効ある少子化対策の実施を」では、男性が育児休業を取得できる経営環境の整備を訴えている。

男性の育児休業取得率の政府目標は、「二〇二〇年までに一三%」だが、現在は五%台(二〇一七年度)で、遠く及ばない。今後はそれに少子化を絡めての議論が、改めて活発化する可能性性がある。一方で、例えば子どもを何人産めば表彰するうんぬんとか、子どもを作る作らないを「生産性」という言葉で表現した政治家の発言などもあった。「みんなが幸せになるには、子どもをたくさん産んで、国も栄えていく」。こちらも政治家の発言である。

少子化にともなって無責任な発言も相次ぐが、理性的、かつ冷静な議論が必要である。男女共同参画の観点から言えば、先に紹介した経済同友会の「提言にあたっての基本的な考え方」、少子化の原因を女性の社会進出に求めないという指摘は傾聴に値する。女性が社会で活躍することに原因を求めるのは、「育児は女性の仕事と考える性役割分業の社会通念があったためのことではないだろうか」というのが経済同友会の分析である。

Ⅳ 女性が活躍できる社会か

1　三〇年経ても男女間格差

活躍できない

女性が活躍できる社会かどうか。いまはそのような社会の形成に向かって、現在進行形であるわけだが、少なくとも女性活躍推進法の制定(二〇一五年)当時は、「ノー」だった。事業主行動計画策定指針(二〇一五年一一月告示)に目を通すと、そう断言しても間違いではない、と思えるからだ。

女性活躍推進法にもとづき、民間企業(常時雇用する労働者数が三〇一人以上の一般事業主)や国、地方公共団体の機関(特定事業主)は、事業主行動計画の策定が義務づけられ、法律が施行される(二〇一六年四月)前までに、行動計画を都道府県労働局に提出した。

策定にあたってのポイントなどをまとめたものが、事業主行動計画策定指針である。そこに盛り込まれた、女性の処遇の実態は、「均等」とか「女性活躍推進」の名に恥じるようなものだった。男女雇用機会均等法が施行されて、約三〇年が経過したというのに、である。

・**採用**　新規学卒者の約四割の企業が男性のみを採用するなど、多くの企業が男性に偏った採用をしている。特に総合職など基幹的職種の採用時の競争倍率は、女性のほうが狭き門になっている。

・**配置・育成・教育訓練**　配置に性別の偏りが見られ、それが育成・教育訓練の格差にもつながっている。

・**継続就業**　六割の女性が第一子出産を機に退職する(二〇一〇～一四年は五割弱。二〇一五年出生動向基本調査)。仕事と子育ての両立が困難であることを理由とする退職の背景には、長時間労働などの問題と職場の雰囲気の問題がある。仕事にやりがいが感じられるかどうかも、継続就業に大きく影響する。

・**長時間労働の是正などの働き方改革**　男性の四割、女性の二割が週四九時間以上(残業時間が一日平均二時間以上相当)の長時間労働をしている。女性が昇進を望まない理由としてもっとも多いのは、仕事と家庭の両立が困難になること。長時間労働は女性の活躍の大きな障壁になるだけではなく、男性が育児などをおこなうことを困難にする。それが配偶者である女性が活躍するための障壁となり、少子化の要因ともなっている。

・**評価・登用**　三割から四割に上る男性管理職が、男女区別なく評価し、昇進させるという基本的なことが必ずしもできていない。仕事と家庭の両立が困難、ロールモデルが不在などをおもな背景として女性自身が昇進を望まないケースがある。

・**性別役割分担意識などの職場風土**　家事・育児の大半は女性が担っている。一方、男性が育児などの家庭責任を果たすために仕事に制約を抱えることが、当然のこととは受け止められにくい職場風土もある。こうした職場における性別役割分担の意識や、仕事と家庭の両立に対する不寛容な職場風土は、両立支援制度を利用するうえでの障壁や、さまざまなハラスメントの背景にもなりやすい。急速な高齢化にともない、男女ともに親の介護などによって仕事に制約を抱えざるを得ない人材が増加する。多様な背景を有する人材を活かす組織風土にしていくことが急務である。

・**再チャレンジが可能な職場**　育児が一段落して再就職を希望する女性は多いが、再就職の多くはパートタイム労働などの非正社員である。働く時間・日を選べる利点はあるが、意欲や能力を十分に活かせる雇用形態とは限らない。またこれまで、性別にかかわりのない公正な採用が必ずしも徹底されてこなかったので、採用時の雇用管理区分にとらわれずに、女性の意欲と能力を発揮できるようにする必要がある。生産年齢人口が減少するなか、妊娠・出産などを機に退職した女性の再雇用・中途採用や、意欲と能力をもっている女性の職種、雇用形態の転換を早期に進めていくことが求められる。

雇用管理区分ごとの平等

前に述べた「再チャレンジが可能な職場」に出てくる雇用管理区分について、簡単に説明しておきたい。「職種、資格、雇用形態、就業形態等の区分その他の労働者についての区分」で、「(同じ)区分に属している労働者について他の区分に属している労働者と異なる雇用管理を行うことを予定して設定しているもの」のことである(「労働者に対する性別を理由とする差別の禁止などに関する規定に定める事項に関し、事業主が適切に対処するための指針」二〇〇六年厚生労働省告示)。

例えば総合職と一般職、正社員と非正社員は待遇が異なるが、それは「異なる雇用管理を行うことを予定して設定し」、区分が異なるので異なる扱いも問題なしというわけだ。しかし、必ずしもそうとばかりは言えない、と私は考えている。コース別雇用管理制度にもとづく総合職、一般職の区分けは、そもそもの出発点が「男・女別の処遇ができなくなったから」、というあたりから誕生したものだけに、運用しだいでは男女間の処遇の格差を固定化しかねないと思っている。

もちろん、すべてが問題というわけではない。例えば昇進基準を満たす同じ雇用管理区分の男女社員がいたとしよう。その場合は男性より女性を優先して昇進させる、あるいは有利に処遇することは法律違反ではない、などの定義は男女間の格差是正に一役買う。そうではあってても日本の職場の男女平等は、雇用管理区分ごとの平等であり、普遍性に欠ける可能性がある。

そのような矛盾を事業主行動計画策定指針は、「性別にかかわりのない公正な採用が必ずしも徹底されてこなかった」ので、「採用時の雇用管理区分にとらわれず、女性の意欲と能力を発揮できるようにする必要性は大きい」として、突破口を切り開こうとしている。その点は評価したいが、男性中心の総合職と女性中心の一般職を公平な雇用管理区分として位置づけたままでいいのかどうか、その見直しの議論を今後、おこなう必要がある。

格差の原因

さらにこの指針は、「男女雇用機会均等法の制定から三十年が経つが、依然として、我が国には、以下のとおり、採用から登用に至るあらゆる雇用管理の段階において、男女間の事実上の格差が残っている」とし、「その背景には、固定的な性別役割分担意識と、それと結びついた長時間労働等の働き方がある」としている。

指針を厚生労働省が告示したのは二〇一五年一一月だが、その一カ月後の一二月一日、第四六回男女共同参画会議での席上、第4次計画の策定専門調査会会長をしていた関係で、私は「第4次男女共同参画基本計画の策定に当たっての基本的な考え方」の案を説明した。女性の活躍推進のためには男性の働き方、暮らし方の見直しが欠かせないことから、第4次計画では「男性中心型労働慣行等の変革と女性の活躍」を計画全体にわたる横断的な視点として、全部で一二ある政策の冒頭に位置づけたこと、長時間労働、固定的な性別役割分担意識の解消が必要であることなどを報告した。先の事業主行動計画策定指針でも、それらが男女間に格差が存在する要因になっている。

男女共同参画と女性活躍推進の策定および制定の関係者は、ほぼ同じ時期に、それぞれの根底に流れる問題意識がほぼ共通の議論をしていたわけだが、いずれも難問である。特に固定的な性別役割分担意識は、その解消の必要性が指摘されて久しいにもかかわらず、いまだに解決には至っていない。その結果、女性が活躍するうえで、どんな「壁」を作ってしまったのか。

厚生労働省が指摘する四つの壁とは、図Ⅳ―1に示すようなものだ。一つは女性を採用していない壁、二つ目は育成していない壁、三つ目は女性が働き続けたくないと思う壁、働き続けられない壁、四つ目が昇進したいとは思わない壁だ（厚生労働省が作成した二〇一六年度中小企業

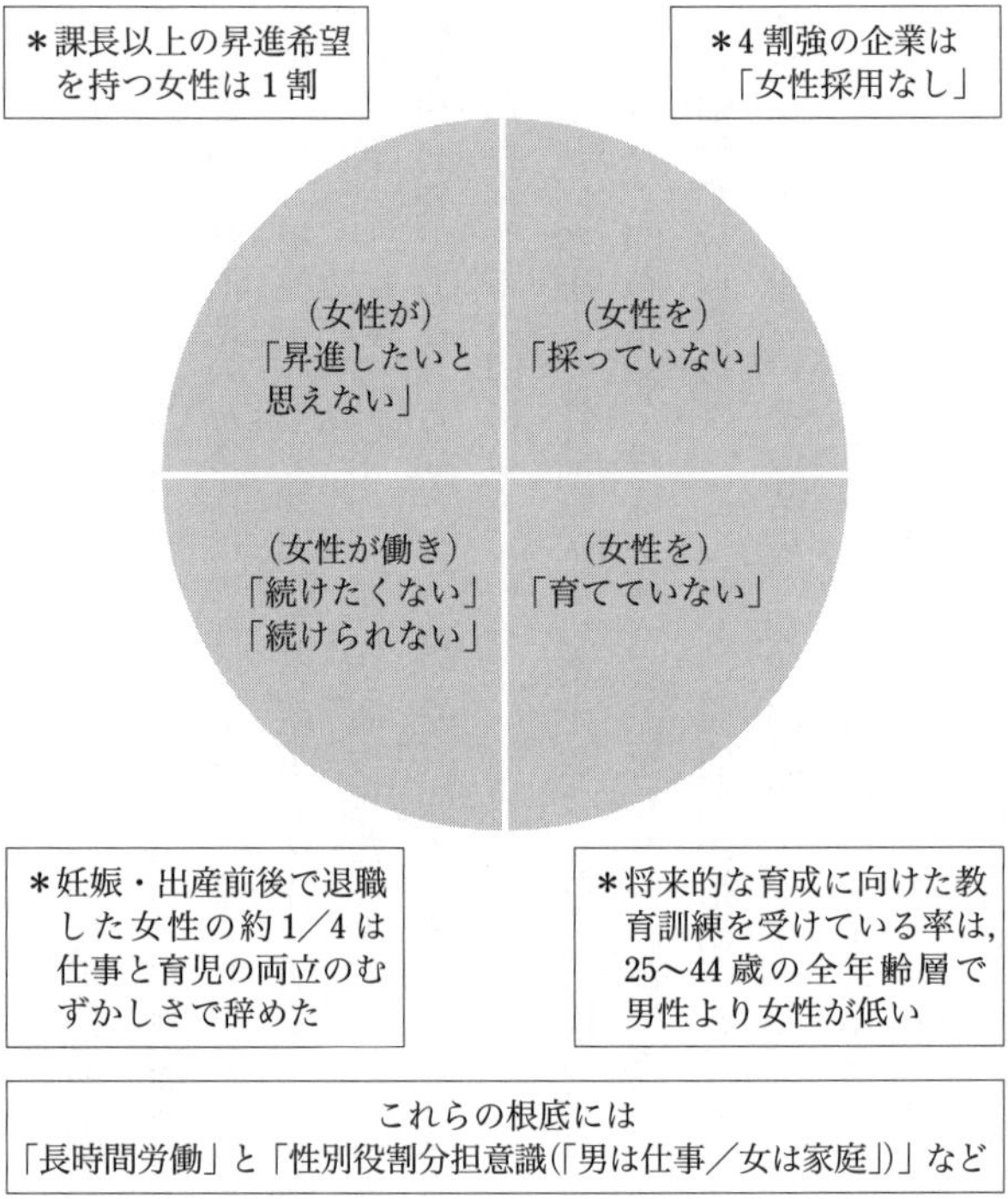
＊課長以上の昇進希望を持つ女性は1割
＊4割強の企業は「女性採用なし」
（女性が）「昇進したいと思えない」
（女性を）「採っていない」
（女性が働き）「続けたくない」「続けられない」
（女性を）「育てていない」
＊妊娠・出産前後で退職した女性の約1／4は仕事と育児の両立のむずかしさで辞めた
＊将来的な育成に向けた教育訓練を受けている率は，25〜44歳の全年齢層で男性より女性が低い
これらの根底には「長時間労働」と「性別役割分担意識（「男は仕事／女は家庭」）」など

図 IV-1　女性の活躍に立ちふさがる「壁」(2013，2014 年当時)

のための女性活躍推進事業企業向け説明会資料を再構成したもの)。

そしてこれら四点が、各事業主が女性の活躍推進をどのように進めるかの行動計画を都道府県労働局に提出するにあたり、必ず盛り込まなければならない基礎項目になっている。

具体的には、①採用した労働者に占める女性の割合、②男女の平均継続勤務年数の差異、③労働者の各月ごとの平均残業時間数などの

労働時間の状況、④管理職に占める女性の割合――である。この①と②に関しては、雇用管理区分ごとにわけて記載しなければならない。

基礎項目のほかにも「男女別の配置の状況」や「男女別の職業生活と家庭生活との両立を支援するための制度（育児休業を除く）の利用実績」など、二一の選択項目があり、該当項目があれば、事業主はそれにも回答することになっている。

すなわち、女性活躍推進の基礎をつくるのは、事業主がかかわる企業やグループで働く女性社員の処遇の実態を明らかにし、改善・向上を図ること。問われているのは、女性活躍推進に積極的に向き合う事業主の姿勢なのである。

「女性活躍」は本気か？

「女性活躍」の第一波である男女雇用機会均等法の制定前後に比べて、第二波のいまは、女性たちの熱気が感じ取れないと何度か指摘してきたが、その理由も推進する側が本気かどうかというあたりにあるのではないかと思っている。第一波当時、国が均等法を制定しようとしても男女を均等に扱うことに二の足を踏んだ経営者が少なからずいたからこそ、女性たちは集って平等な処遇を、と連呼した。

それから三十余年が経過したが、事業主行動計画策定指針にあるように、男女間の事実上の格差が依然として残っている。そうしたなかで今度は政府や経営者、すなわち男性陣が女性に活躍してほしいと処遇の向上をアピールしてきたわけだが、経験則に照らし、「どこまで本気なの?」というあたりに、女性の本音が隠れていると思うのである。

就活中だという女子大学生は、こう言った。

「女性が働くことを社会が後押ししてくれていることは感じている。だから、ずっと働きたいと思っている女子大生は多いけれど、働き続ける環境が必ずしも整えられていないと思うし、女性が働き続けることに社会がどれくらい理解があるのか、その辺《あた》りも不安です」

すでに総合職として働いていた女性の声も紹介する。

「総合職ということで、女性にも厳しい働きを要求してくるのは、やむをえないとしても、ただ、(男性社員以上に)短期に早急に優れた結果を出させよう、とするきらいがある。女性社員はいつやめるかわからない、と総合職であっても思われているせいかもと思うが、女性社員に対しても、もっと長期的にじっくりと育てる姿勢が企業側にも欲しい」

前者は現在の女子大学生の声である。後者は約三〇年前の総合職女性の声だ(「総合職若手女性社員の意識実態調査報告書〈その1〉」テンポラリーエデュコンサルトC・D・R研究所、一九九〇年)。

時差が感じられないのは、私だけだろうか。

均等法施行以後の三十余年は、女性が働き続けることのむずかしさを痛感する歳月でもあった。こうした不安を払しょくするには、いかに応えればいいのか。いま、それが問われている。

2　企業による女性社員の活躍推進

企業が試みていること

女性活躍推進の時代のなかで、企業は実際にどのように女性の処遇を改善し、向上に努めているのだろうか。二〇一五年九月に内閣府男女共同参画局長名で、「女性の職業生活における活躍の推進に関する基本方針の策定」に関する通知が、都道府県知事、政令指定都市市長あてに出されている。「事業主の取組に必要な視点」としてあげられているのが、大まかにいうと次の三点だ。

一つは経営トップが先頭に立って意識改革・働き方改革をおこなうこと、二点目は働き方を改革し、男女ともに働きやすい職場づくりを目指すこと、三点目は男性の家庭生活への参画を強力に促進し、(男女双方が)育児・介護などをしながら、あたりまえにキャリア形成できる仕組みを構築すること。

さらに噛み砕けば、経営トップの理解、男性社員の育児・介護参画、働きやすさの確保——がポイントになるわけだが、確かに女性の活躍推進に関して表彰されたような企業などの事例を分析すると、先の「視点」を取り込んだケースが目につく。

以下は、私も選考委員を務めた東京都女性活躍推進大賞への応募企業、受賞企業のほか、一般財団法人女性労働協会が厚生労働省の委託事業としてかかわった女性活躍推進に取り組む企業などの事例をもとに、分析をおこなった結果を私がまとめたものである。

•トップの積極的な関与

A社は女性活躍推進を経営戦略に位置づけ、「ダイバーシティ推進委員会」を設置。委員長は社長、副委員長を副社長、ほかに男女の役員がメンバーとなり、経営陣で構成する。その下部組織に「ダイバーシティ推進部会」があり、こちらは主要部門の部門長で構成、さらにその下に一般社員から管理職までの幅広い社員で構成する「ダイバーシティカウンシル」がある。後者はメンバーを社内公募で募り、ダイバーシティの推進に関するイベントを実施するなど、ボトムアップを図る。管理職向けの全国会議では、社長自らが出向いてメッセージを伝えるほか、女性社員対象のキャリアプラン研修などにも出席し、トップとしての考えを述べる。直接話し合いができない場合は、ビデオメッセージを作成して思いを伝える。

・男性社員の育児参画を促進

男性社員の育児参画をうながす動きが進んでいる。

B社は男性社員に子どもが誕生すると、その社員と上司に人事部が育児休業取得案内メールを送る。C社も子どもが生まれた男性社員に最低五日以上の育児休業を取ることを推奨し、役員を含めた上司も育休取得をうながすメールを個別に送信する。いずれも男性社員の意識改革が狙いだ。D社は男性社員の育児参画をうながす目的で社内報「イクメンの星」を発行している。内容は子どもが生まれたばかりの男性社員が積極的に育児参画する姿や、男性視点からの子育ての大変さ、面白さなどをまとめたもの。発行後は、育児休業の取得者が出始めている。

・女性の処遇の改善と働きやすさの確保

大手企業には、転勤のない総合職を置くところがある。女性をおもな対象にした勤務地限定総合職がそれで、転勤がない分、管理職への道も閉ざされている。先に紹介したB社は人事制度を改定し、勤務地限定総合職にも管理職への道を開いた。男女双方の職域の拡大にも力点を置き、これまではおもに男性が配置されていた業務に女性をあてたり、逆に女性の業務だったところに男性を配置するなど、男女双方の職域拡大を図っている。パートと正社員、一般職と総合職間の相互転換も可能にした。

D社の場合、育児休業から復職した時短勤務の女性営業職は、これまでは事務職(内勤)に配置してきたが、全員を事務職枠に配置するのは不可能であり、また事務職に移ると原職復帰の道筋があいまいなので、モチベーションの低下が懸念されるなどの問題があった。改善策として「顧客の副担当」という位置づけのもと、客への商品活用法の説明、潜在ニーズの発掘など、顧客との関係性の向上に力を発揮するような仕組みを作った。

・中小企業の奮戦

従業員四〇人弱のE社は、建設業という男性型の小規模企業だが、積極的に女性の登用を図っている。人手不足のなか、建設業界は大手企業に人材が集中する傾向が顕著だが、その突破口を優秀な女性社員の採用に求めた。人員配置は各部署に女性社員(一五人)は二人以上、が原則。孤立を防ぐのが目的だ。女性を中心にした工事のチームを編成したり、女性が着たくなるようなワーキングウェアを開発したり、さらには会議室を改装して事業所内保育所を設置したりと、男性型からの脱皮を図っている。

中小企業が女性の活躍に向け、社内風土を改善するきっかけは、大きく三点に集約できる。

一つが社長の号令によるケースで、E社はこれにあたる。

二つ目は本社から役員として異動してきたり、転職で部長職など管理職ポストに就いた人が音頭を取るケース。社内の生え抜き組よりは、ほかの部署からの異動組のほうが積極的、という印象を私は持っている。むろん生え抜き組の男性にも、例えば営業部門から人事部門に異動になり、女性活躍推進の必要性に目覚めた、などのケースもある。

三つ目は女性がリーダーシップをとるケース。創業者の娘、姪、夫に先立たれた妻といった立場の女性のほか、女性の登用に積極的な経営者に一任されて、改革を進める女性のケースなど。

これらが、女性労働協会などでの活動を通して垣間見えてきた個人的な印象である。

従業員が三〇〇人以下の中小企業では、女性の活躍推進に向けた事業主行動計画の策定は努力義務である。義務化されていないので、進んで策定し、都道府県労働局に提出するケースは、まだ少数である。だが、中小企業（従業員三〇〇人以下）で働く従業員数は約三四〇〇万人にのぼり、大企業の従業員数一四〇〇万人の二・四倍強である。そのうち女性がどれくらいを占めるかは、残念ながら二〇一七年版までの中小企業白書（中小企業庁）は統計的な把握をしていない。

中小企業で働く従業員数は大企業を上まわるだけに、そこでの女性活躍が進んでこそ、初めて男女の関係が均等になるということだが、むずかしさもある。「女性活躍」の四文字に反発する風潮もあり、わが社ではその言葉は使用しないという経営者もいた。「男性に対する逆差別ではないか」「女性社員はすでに活躍している。これ以上、何をしろと言うのか」。

このような経営トップや男性管理職にどう頭の切り替えをうながせばいいのか。道は険しいが、一部報道では、厚生労働省は女性活躍推進法を見直し、従業員数三〇一人以上の事業主に義務づけている事業主行動計画の策定を「一〇一人以上」にまで広げる動きもあるという。女性が働きやすい環境の整備は、中小企業にとっても切実な課題になりつつあることは間違いない。

3　女性は管理職になりたくない？

重くのしかかる性別役割分担

多くの企業は、女性の活躍推進の課題として、女性管理職を増やすことに力点をおいている。だが女性は管理職になりたがっているかといえば、そうではない。

電通総研の調査（「女性×働く」調査、二〇一五年）では、管理職を目指している女性はわずかに七・四％、九割強（「管理職になりたくない」五七・四％、「管理職にならなくてよい」三五・二％）は管理職になることを望んでいない。

中小企業を対象にした日本商工会議所の事業所調査（「働き方改革関連施策に関する調査」二〇一八年）からも、それがうかがえる。女性の活躍を推進するうえでの課題としてトップに上がったのは「幹部（管理職・役員）となることを望む女性が少ない」だった（図Ⅳ―2）。

管理職のポストを男性と同等に提供するとなれば、女性も仕事に力を注いでくれる、と言った経営者がいたが、それは認識不足だ。

なぜ女性は、管理職になることを望まないのだろうか。理由の第一は、性別役割の負担が重

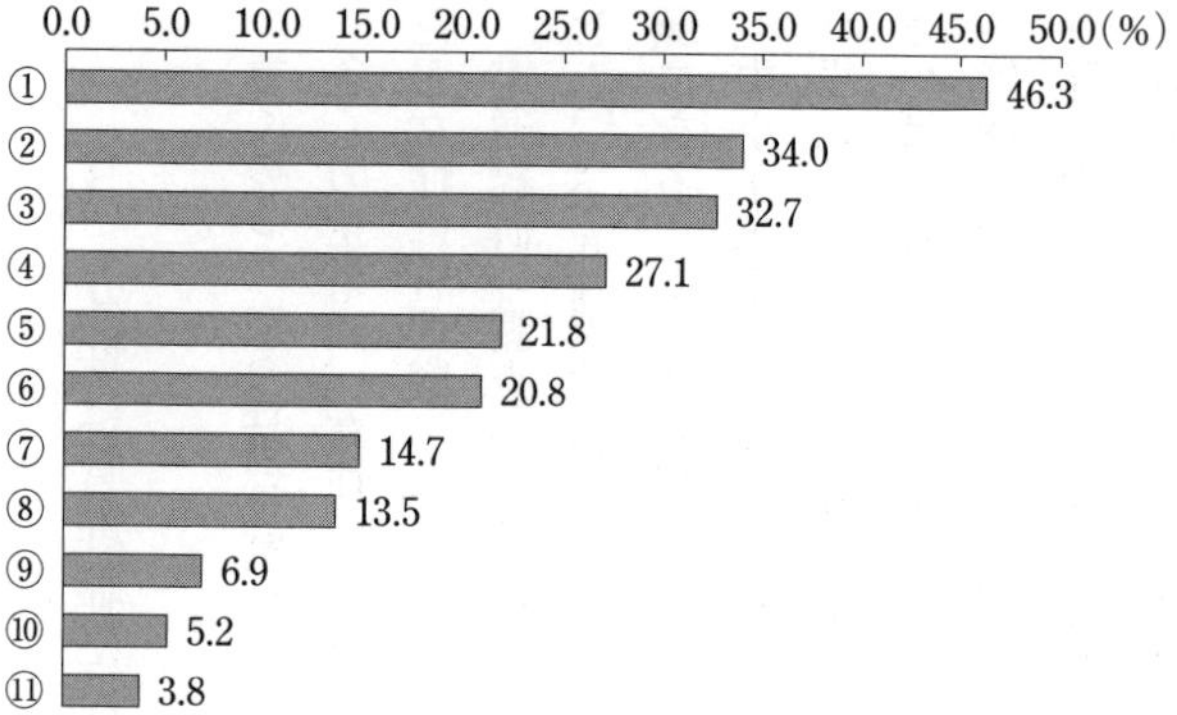

①幹部(管理職・役員)となることを望む女性が少ない
②女性の管理職比率が低い(向上しない)
③出産・育児を機に女性社員が辞めてしまう
④パートタイマー等を正社員化したいが，本人が望まない
⑤女性の活躍推進を考えているが，有効な対策，ノウハウが分からない
⑥女性社員を募集しても応募がない
⑦女性社員の離職率が男性社員に比べて高い
⑧社員の理解など，社内風土の醸成が進まない
⑨育児と仕事との両立支援制度(時短勤務制度等)を整えているが，利用する女性社員が少ない
⑩資格取得等キャリア形成に資する制度を構築しているが，利用する女性社員が少ない
⑪育児休業取得後に復職する女性社員が少ない

出典：働き方改革関連施策に関する調査(日本商工会議所，2018年)

図 IV-2　企業が抱える女性の活躍推進における課題

いことだ。特に子どもがいる家庭では家事、育児の負担が女性に重くのしかかる。そのうえ、管理職という重荷を背負うことになったら体がもたない。

先の日本商工会議所の調査でも、女性が管理職になりたがらない「本人要因（事業所が推測する社員本人の理由）」のトップに、「家事・育児の負担が女性社員に集中している」（五六・五％）をあげている。仕事環境など、「社内要因」の上位三つにあがったのは、次の項目だ。

①残業を含め労働時間が長く仕事と家庭の両立がむずかしい
②体力を要する仕事のため、女性の活躍がむずかしい
③女性の活躍推進に向けた経営方針を策定していない

家庭にあっては家事、育児の負担、会社に来れば長時間労働――。これでは政府がどんなに笛を吹いても、女性が踊りだす気にはなれない。③があるのは、中小企業にとって女性の活躍に関する事業主行動計画の策定は努力義務なので、いまだに経営方針を策定していない企業が多いからだろう。その意味では女性の活躍推進といっても、それは大企業の話ではないか、と言われても仕方がない。

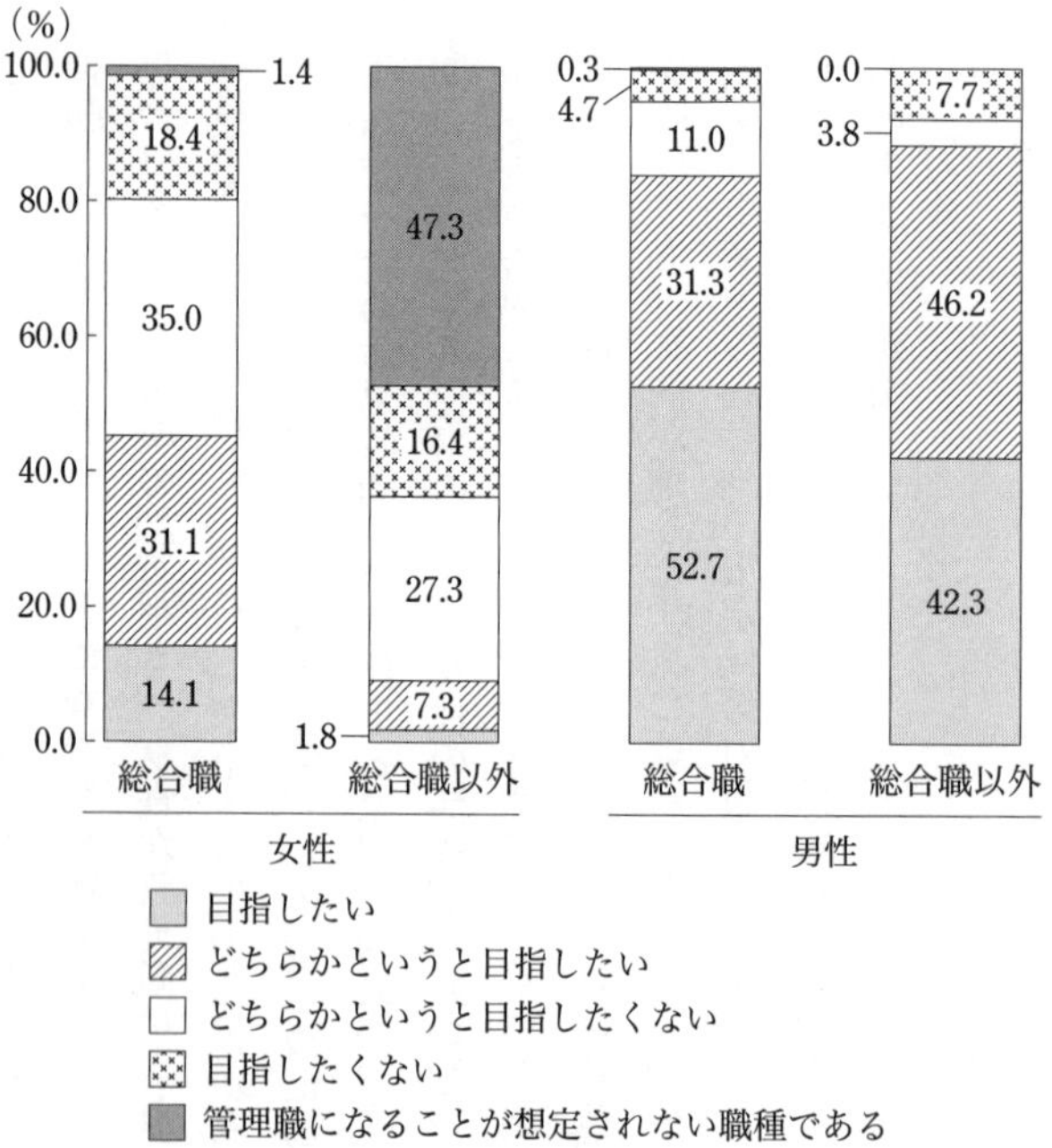

出典：男女の初期キャリア形成と活躍推進に関する調査(独立行政法人国立女性教育会館，2017年度)

図 IV-3　管理職を目指したいか

管理職志向と職場環境

正社員に限定してみると、管理職志向について、どのような意識を持っているのだろうか。

独立行政法人国立女性教育会館は二〇一五年度から毎年度、「男女の初期キャリア形成と活躍推進に関する調査」を実施している。調査対象は二〇一五年度に新入社員として民間企業に入社した正社員男女である。総合職と一般職にわけ、同一個人に同一質問を繰り返したずねるパネル調査の手法を取っている。

図Ⅳ—3は第三回調査(二〇一七年度)の結果である。総合職女性は、「管理職を目指したい」(「どちらかというと目指したい」を含む、以下同じ)が第一回調査では六一%だったが、四五%に減っている。同様に一般職女性は二九%から九%へ。

女性だけではない。男性社員も総合職は九四%から八四%へ、一般職はわずかな減少幅だが八九%から八八%強へと減っている。

総合職女性の管理職志向は、入社当時は男性総合職と比べて三〇ポイント近い差がある。それがわずか三年後には四〇ポイントに拡大し、男女間の差がはっきり出てしまうのである。

何が女性から、管理職になりたいという夢を奪ってしまうのだろう。

第三回調査結果をみると、総合職、一般職双方の女性がトップにあげているのは「仕事と家庭の両立が困難になるから」(総合職六九・三%、一般職五八・三%)である。二番目は「責任が重くなるから」(同五三・四%、四五・八%)。男性社員も、総合職は管理職志向が三年前に比べて一〇ポイント減少しているが、その理由としてトップにあげているのは「責任が重くなるから」(四三・七%)。次いで「仕事と家庭の両立が困難になるから」「仕事の量が増えるから」(いずれも三八・八%)が同じ順位で並ぶ。

仕事の忙しさ、責任の重さ、それにともなう私生活との調和のむずかしさ。それらが相まって、データで見るかぎり、特に総合職女性の管理職志向が急速に萎《しぼ》んでいく。調査に携わった島直子独立行政法人国立女性教育会館研究員によると、一年目と二年目の調査データを用いて分析した結果、女性の管理職志向に次のような要因が絡んでいたという。

①残業頻度が増えると、管理職志向が下がる(男性も同様)。

②上司が熱心に育成すると管理職志向が高まる――「上司はあなたの育成に熱心である」という質問への回答率が一年目より上がると、二年目は管理職志向が上がる。

③将来性ある仕事が、管理職志向を高める――「将来のキャリアにつながる仕事をしている」という質問への回答が一年目より上がると、管理職志向も上がる(男性も同様)。

④リーダーシップ力の自己評価が上がると、管理職志向が高まる。

⑤「男性の方がリーダーに向いている」という偏見が打破されると管理職志向が上がる――「リーダーには、女性より男性の方が向いている」という質問への回答が一年目より下がる、すなわち、このような考え方を否定すると、管理職志向が上がる。

以上の結果から女性の管理職志向を高めるには、次のような職場環境が求められる。

①長時間労働の是正、②上司の熱意ある部下の育成、③将来性ある仕事に従事、④リーダ

ーシップ力を年々高められる訓練・機会・経験、⑤女性も男性と遜色《そんしょく》なくリーダーを務められると思える職場環境（女性管理職など実際にリーダーとして活躍している女性や、長く働き続ける女性社員などのロールモデルが多くいるなど）。

翻《ひるがえ》って女性の管理職志向がこれまで低かったのは、このような職場環境ではなかったということの裏返しでもある。ひいてはそれが女性が管理職を望まない第二の理由ということになる。

社会保険制度、配偶者控除が就労を抑制

第三の理由は、現行の社会保険制度や配偶者控除に絡む問題である。

日本商工会議所の調査では女性の活躍推進にかかわる「外部要因」（社会的要因）のトップに「社会保険負担（一三〇万円の壁等）が障壁となり、就業調整を意識する女性社員が多い」ことをあげている。その意味を解説しておこう。

配偶者が第2号被保険者（会社員や公務員など厚生年金の加入者。おもに正規社員、職員のグループ）で、かつ本人の年収が一三〇万円未満であれば、第3号被保険者として保険料を払わなくても老齢基礎年金を受け取ることができる。

ただ二〇一六年一〇月から、勤務先の従業員が五〇一人以上で、一週間の所定労働時間が二〇時間以上、雇用期間が一年以上の予定、一カ月当たりの所定内賃金(賞与、残業代、通勤手当などは含まない賃金)が八万八〇〇〇円以上(年額約一〇六万円以上)、学生ではない人(夜間、通信、定時制の学生は対象)は、この適用を受けられなくなった。そして第2号被保険者として、保険料を払わなければならない。

日本商工会議所の調査が一三〇万円の壁のことを述べているのは、従業員が五〇一人に達しない中小企業への調査だからだろう(二〇一七年四月からは五〇〇人以下でも先の条件を満たし、社会保険に加入することに労使の合意がなされていれば第2号被保険者)。

このように社会保険料を払わずにすませるため、年収一三〇万円、あるいは一〇六万円あたりで就業調整をする女性がいて、それが活躍するうえでのブレーキになっているのである(V章3でも解説)。

もう一点、一五〇万円の壁がある。こちらは税制のほうで、パートなどで働く配偶者の年収が一五〇万円以下であれば、納税者(おもに夫)は配偶者特別控除として自分の年収から三八万円を差し引くことができる(納税者の年収によって控除額に変動がある)。

二〇一七年までは、配偶者の年収が一〇三万円以下で控除されたが、二〇一八年一月から一五〇万円まで引き上げられた(妻本人が所得税を負担しなくてもいい上限は、従来通り一〇三万円)。

既婚女性たちには、こうした配偶者控除などが受けられる範囲内、すなわち夫に扶養されたり、所得税を払わなくてもすむ範囲内、あるいは社会保険料を負担しなくてもすむ範囲内で働こうとする人が多い。こうした就業調整が、経済的な自立を阻む要因の一つになっている。

配偶者控除も、一定年収以内であれば保険料を負担しなくてもすむ年金制度も、専業主婦世帯が一般的であることを前提に構築されたものだ。今は、専業主婦世帯六四一万世帯に対し、共働き世帯は一一八八万世帯(二〇一七年)と、共働き世帯が倍近くに増えている。政府も働き方改革のなかで、当初、配偶者控除の改廃を考えたようだが、結局できなかった。

この制度が創設されたのは一九六一年、高度経済成長期の初期である。半世紀以上の歴史を経れば、それを既得権として考える人も増える。そうしたなかで廃止を強行すれば、選挙にも影響が出る。政治家の心中を推し量ればざっとそんなところかと思うのだが、では女性活躍推進のかけ声はどうするのか。

日本商工会議所の調査も、女性が一三〇万円の壁などを意識して就業調整をしてしまい、管理職を登用するにあたっての壁になっていることを証明している。

結局、女性の活躍推進とは労働力不足の解消のために労働市場に出て、年収一〇〇万～一五〇万円あたりで就業調整をして、男性は正社員、女性は非正社員という構図のまま、ということなのか。このあたりの税制、社会保険制度の見直しに関して幅広い観点から議論しないかぎり、真の女性活躍推進にはつながらない。

女性たちが就業調整をするもう一つの理由は、配偶者控除の範囲内であれば、家族手当、扶養手当など、配偶者手当を支給する企業があるからだ。

実際、厚生労働省がおこなった調査(二〇一一年)では、一定額(一三〇万円)を超えると配偶者手当がもらえなくなるので就業調整をする、という、配偶者のいるパートタイム就労女性が二割強いた。厚生労働省では「配偶者手当の在り方について企業の実情も踏まえた検討をお願いしたい」と、企業に見直しを呼びかけている。

第4次男女共同参画基本計画は、「税制における個人所得課税の諸控除の在り方」の見直し、「第3号被保険者を縮小していく方向」での検討のほか、配偶者手当についても「女性の就労を抑制」することもあるという視点から、「労使に対しその在り方の検討を促す」としている。

女性は管理職になりたがらない、いや、正社員にすらなりたがらない傾向があるのはこうした制度自体に、意欲を萎えさせる一面があるからだと思う。

管理職志向の低さは「作られたもの」か

第一から第三までの理由を列挙してきたが、全体を通して言えるのは、女性の管理職志向の低さはこのような状況を反映したもの、すなわちこのような状況から「作られたもの」だという側面があることである。固定的な性別役割分担による家事育児の負担の重さ、男性中心型の職場環境、専業主婦が一般的であった時代に構築された税制や社会保険制度の継続――それらが幾重にも折り重なって、総合職として職業人になっても、必ずしも管理職を目指すわけではないという働き方が女性のあいだで主流化しているのである。

ただ、女性の管理職志向の低さは、女性の活躍推進が叫ばれてから急に顕著になったわけではない。男女雇用機会均等法が制定されてから二〇年後の二〇〇五年に開催された、財団法人女性労働協会（現在は一般財団法人）主催の座談会で、私は次のような趣旨の発言をしている（「女性の歩み 半世紀とこれから」『Women & work』二〇〇五年 Spring、財団法人女性労働協会）。

「女性管理職が今も少なく、均等法効果が出ていない。施行年の一九八六年から二〇年になろうとしているのに、女性管理職はトータルで一割に達していない。一因は企業の年功序列型の登用制度にある。女性は第一子出産で七割（当時）が退職し、総合職の女性たちも例外ではない。となると、年功序列型の管理職登用システムの中ではどうしても割をくってしまう。同時に、女性たちも管理職になることに腰が引けてしまう傾向がある。女性管理職予備軍の層が、薄い感じがする」

先に女性の管理職志向の低さは「作られたもの」だと指摘したが、それだけではなく、均等法制定当時もその熱気とは裏腹に、管理職になって職場をリードしたいという意思自体が女性に感じられなかった。「常時・ＯＬ」の時代が長く続いたがゆえの仕事観の反映なのか、それとも根強い固定的な性別役割分担の意識が女性を委縮させ、「女は家庭があるから」という理由で管理職志向を奪い去り、それが世代を超えて続いているのだろうか。

4　何が影響しているのか

なぜ仕事を続けられないのか

育児などを担うことによる負担の重さが、女性が管理職になることを敬遠する一因になっていることを前の節で分析した。負担の重さは仕事と育児の両立を困難にし、出産を契機に就業の継続を断念する女性を増やす一因にもなる。

具体的には、育児との関連ではどのような点に就業を継続することのむずかしさを感じ、女性たちは職場を辞するのだろうか。それを分析した文献をもとに、要因を明らかにしてみよう（「子育て世帯のディストレス」労働政策研究・研修機構、二〇一七年）。

産前産後に仕事を辞めた理由を、非労働力群（出産三～六カ月前には仕事をしておらず、出産三年後ほとんどが働いていないグループ）、非正規群（妊娠出産を契機に仕事を辞め、出産一年ないし三年後にはパート、契約・派遣社員などで働いているグループ）、正規群（出産前後に仕事を辞めず、正社員、正規職員で働いていたグループ）の三グループにわけて分析する。

・**非労働力群**――「自分の体力が持ちそうになかった」（四四％）、「家族がやめることを希望した」（二一％）が、ほかのグループよりも高率だった。体力、家族の要望を考慮して家庭に入った点が特徴である。逆に低かったのは「子どもの病気等でたびたび休まざるを得なかった」（六％）、「勤務時間が合いそうもなかった」（二四％）だった。

・**非正規群**――「会社に育児休業制度がなかった」（二六％）、「育児休業を取れそうもなかった」（一八％）が、ほかのグループよりも高率。前者は非労働力群、正規群とも一五％、後者は非労働力群は九％、正規群は六％である。これらはパートや派遣社員が、育児休業を取りにくい状況を示す結果である。非労働力群と似ているのは「妊娠・出産にともなう体調不良」で、両者とも二三％。正規群（一五％）よりも高い値になっている。正規群と似ているのは「勤務時間が合いそうもなかった」(三四%、正規群は三三%)だった。

・正規群――「職場に両立を支援する雰囲気がなかった」(三三%)は、ほかのグループよりも一〇ポイント前後高かった。正社員として育児休業の取得は保障されてはいても、取得を歓迎しない雰囲気が職場にあって、就業継続のしにくさを感じているということなのだろう。

女性も多様であることを重視

以上、三つのグループの特徴を概観したが、そのなかから非正規群と正規群の特質に改めて着目すると、両群とも、家庭の状況に仕事を柔軟に合わせることがむずかしかったことが共通している。産前産後の就業の継続に限れば、非正規群は育児休業を制度として利用する環境にない、あるいは利用しづらい環境にあることが推察できる。正規群は逆に、育児休業を利用できる環境にはあるものの、育児をしながら仕事を続けることに困難さを感じ、退職を選択する。

分析した坂口尚文公益財団法人家計経済研究所次席研究員は、「女性の異質性を考慮する視点」の重要性を改めて認識すべきだと指摘する。仕事を辞めた理由だけではなく、国や自治体に拡充を求める支援策もグループによって異なる。正規群は「病時・病後時保育制度の充実」(三四%)を強く要望する(非正規群二六%)のに対し、非正規群は「職業訓練を受ける際の金銭的援助」(三三%)を求める(正規群九%)。ライフスタイルなども多様化するなか、「女性」とひとくくりにして論じるのではなく、さまざまな異なる考え、状況など、「異質性」への着目があってこそ、女性の活躍推進策もより現実的なものになる。

育児休業の取得と昇進

育児休業（育休）の取得が、昇進にどう影響するかも考察してみよう。

育児休業期間は、子どもが一歳の誕生日の前日までの期間である。ただ保育所への入所を希望しているが、それがかなわないような場合、以前は一歳六カ月に達するまで取得できるとされていたが、二〇一七年一〇月からは二歳まで延長になった。

これまで述べてきたように、育児休業の取得率は女性は八三・二％に対し、男性は五・一四％である（二〇一七年度）。男性の育児参画が喧伝《けんでん》されたからだろうか、取得率が初めて五％台に上昇した。だが、女性と比較すると桁が異なるのである。

この結果を見るかぎり、男性の育児休業取得が昇進に響くかどうかは、現時点では大きな問題とは思えないが、管理職になりたい女性にとっては気になる課題である。

「男女正社員のキャリアと両立支援に関する調査結果（2）――分析編」（労働政策研究・研修機構、

二〇一四年)によると、現在、大企業の四八・二%、中小企業の六四・一%は「育児休業を取得しても昇進が遅れない」としているが、逆に言えば大企業の過半数、中小企業の三分の一強は昇進に影響がある、ということだ。どんな影響か。もっとも多かった答えが「育児休業期間と同程度の期間、昇進が遅れる」(大企業四一・六%、中小企業二八・七%)だったが、「育休期間より長い期間、昇進が遅れる」との答えもわずかだがあった(同六・八%、四・二%)。

育休を取得した女性も、それを感じている。同じ雇用管理区分の同僚(男性を含む)と比較し、育休を取得している女性で自分の昇進は「遅い方」だと感じている人が三四・四%に達している。子どもがいる、育休を取得していない女性(二九・〇%)に比べ、五・四ポイントも高い数値だ。ちなみに育休を取得していない子どものいない女性のそれは二二・七%で、取得していない子どものいる女性よりも六・三ポイント低い。

昇進が遅れているのを強い順に並べれば、「育休取得女性」、「育休未取得・子どものいる女性」、「育休未取得・子どものいない女性」となる。調査を担当した周燕飛労働政策研究・研修機構主任研究員は、「育児休業の取得だけではなく、子どもを育てていること自体も、昇進の遅れをもたらしている可能性が示唆されている」と分析する。

男性は育休を取得しているかどうかに関係なく、自分の昇進は遅いほうだと感じている人は二四・二％で、育休を取得した女性に比べて、一〇ポイント強、低い率だった。

育児が昇進の妨げになる女性活躍推進とは？

周主任研究員はこれらの研究を通じ、育休取得月数の長い女性ほど管理職の登用率が低くなるという結果が得られたと指摘する。特に一三カ月以上の取得は、管理職への登用率を確実に押し下げる。都市部では、なかなか保育所に入れないので育休延長を余儀なくされるケースが少なくないが、長期育休が管理職昇進に不利にならないためにも、保育所の待機児童対策をいっそう推進しなければならない、とする（周燕飛「育休取得は管理職登用の妨げとなっているか」『季刊家計経済研究』SUMMER、二〇一六年七月、公益財団法人家計経済研究所）。

子どもを産むことが昇進などの妨げになっている女性活躍推進の時代とは、いったい何だろう。政府は指導的な地位の女性を三割に、といった目標を掲げる一方で、ワーク・ライフ・バランスに力点を置き、男性も含めた育児休業を推進する。だが一定の期間以上、休業すると昇進にブレーキがかかるのであれば、仕事重視の女性は出産を控える選択をする可能性もある。それは少子化につながる問題でもあるわけで、このあたりの微妙な関係性をもう少し整理する必要がありそうだ。少子化対策を考えるのであれば、男性の育休取得の推進もさることながら、むしろ子どもがいても昇進の妨げにはならないという方向性を打ち出すべきである。

女性の活躍推進とかイクメン礼賛、少子化克服などをバラバラに進めているだけでは、矛盾と矛盾がぶつかり合って、効力は減少する。仮に育休を取らない従業員に配慮して昇進にブレーキをかけるのであれば、高齢社会にあっては介護で休業する人が増えることを念頭におき、たとえば「お互い様」という意識をもっと職場内で醸成するなどして、育休取得者に対する周囲の理解をうながすなどの対応が必要になるだろう。すでに一部の企業で始まっている。

はっきり言えることは、育休の取得と昇進に微妙な関係性があるかぎり、女性以上に管理職志向が強い男性は、積極的に取得しようとはしないということだ。育休取得率が五％台(二〇一七年度)というのも、背景にそのような事情が潜んでいるからである。

5　親の介護

母を老人ホームへ

育児休業の次は、高齢者介護の問題について考えてみたい。

Ⅲ章2の保育所送迎に関する記述のなかで、長男が小学生になったころ私の両親に同居を頼み、面倒をみてもらったことに触れた。長男が中学生になると別居したと書いたので、子育ての手が離れると別居だなんて、手前勝手な、冷たい息子だと思われた読者もおられるかもしれない。同居時に子どもの手が離れたら再び別々に暮らすことを話し合って暮らしをともにしたが、狭い住宅で私の両親、私たち夫婦と子ども二人が生活するのは、精神的に疲れることもあったのは確かである。

大正一三年(一九二四年)生まれの母親は健在(二〇一八年時点)で、現在は有料老人ホームで生活している。要介護4で、介護なしには日常生活を営むのが困難な状態である。ひとり暮らしをしていたが、数年前に転んで大腿部を骨折し、それを機に老人ホームに入居した。記憶力は確かで、私より、よほどしっかりしているが、現在は車イスの生活だ。起床、トイレなどは第三者の手を借りなければならない。幸い、老人ホームでは介護士や看護師などのサポートを受けることができるが、自宅で同居した場合、母親の症状を考えると夫婦の力だけでは多分いかんともしがたい。

介護保険法では介護の状況を要支援1と2、要介護1から5に分類し、要介護5が症状がもっとも重く、「動作能力が低下し、介護なしには日常生活を営むことがほぼ不可能な状態」を指す。社会福祉法人や地方自治体が運営する特別養護老人ホーム(特養)への入居対象者は六五歳以上、要介護3から5の人である(二〇一五年四月から)。経済的な負担を考えれば特養に入居させたいが、順番を待つ人が多数いる。

そういう人たちが何人いるかは厚生労働省も把握していないが、二〇一七年三月に特養への入居申し込み者数を公表した。その数は要介護1から5まで合わせて、三六万六〇〇〇人(二〇一六年四月時点)。一部メディアはこの数字を特養への待機者数として報道したが、「あくまで入居申し込み者数」とする厚生労働省の主張とはかみ合わない。どうやらその数字に近い人たちが、待機を強いられていることは間違いないようだ。

個人的な話に戻せば、私の母親の転倒骨折直後の介護認定は、要介護2だった。特養への入居条件が要介護3以上になる前だったので、希望すれば入居できたが空いていなかったのと、母親の希望で有料老人ホームを選択した。自宅から車で二〇分くらいのところにあり、だいたい二週間に一回くらいの割合で訪ねている。老人ホーム探しをはじめ、入居後の対応などは基本的に私がおこなってきた。

介護も妻の負担が大

高齢者を介護するときには、大きくわければ私のように施設に預ける方法と、自宅で介護する方法がある。老人ホームへの入居後は、私は経済的な負担と空き家になった実家の処分などを担った。

では老いた親との同居家庭では、どのような状況なのだろうか。

六五歳以上の家族がいる世帯は一九八九年は一〇七七万四〇〇〇世帯だったが、二〇一七年は二三七八万七〇〇〇世帯と、二・二倍に増えている。世帯の構造をみると、「夫婦のみの世帯」（七七三万世帯）が、六五歳以上の家族がいる世帯全体の三二・五％を占め、もっとも多く、次が一世帯に六五歳以上が一人だけの「単独世帯」（六二七万世帯、同二六・四％）である。

この単独世帯の男女比は、男性三三％、女性六七％という構成である。女性は高齢になればなるほど単独世帯での比率が高まり、八〇歳以上が女性単独世帯の四割強を占める。男性は、八〇歳以上の人は四人に一人が単独世帯だ。

以上は国民生活基礎調査（厚生労働省、二〇一七年）の結果だが、次は就業構造基本調査（総務省統計局、二〇一八年）から介護の実態の迫ってみると――。

「介護・看護のため」に離職した人は、二〇一六年一〇月から一七年九月までの一年間に九万九〇〇〇人。うち、女性は七万五〇〇〇人、男性は二万四〇〇〇人。男女比率は女性八割弱に対し、男性は二割強という割合だ。ちなみに二〇一二年一〇月から一七年九月までの五年間に、「出産・育児のため」に離職した人は一〇二万五〇〇〇人いるが、そのうちの九九%近く、一〇一万一四〇〇人は女性である。この数字には「出産」離職が含まれているので女性の離職者が多いのは当然としても、育児などは妻任せの実態が改めて浮き彫りになっている。

では、女性の介護・看護のための離職比率が八割という高率になっているのはなぜだろう。そのあたりを別の調査結果から探ってみたい(「仕事と介護の両立と介護離職」に関する調査、明治安田生活福祉研究所、公益財団法人ダイヤ高齢社会研究財団、二〇一四年)。

親を介護した経験がある正社員を対象に調査したものだが、親の介護が必要になっても継続して就労ができた男性の場合、自分がおもな介護の担い手だった人は一五%。三二%弱の男性は自分の配偶者に、二二%強は親の配偶者に介護を依存している。勤務先を退職し、介護に専念した男性の場合は、過半数の五四%が自分が主体になって介護をしていると答えている。ここから見えてくるのは男性の場合、就業を継続しようとすれば、妻か親の配偶者の力を借りざるをえないという状況だ。

女性の継続就労者はどうだろうか。なんと四割が自ら主体的に介護をおこない、三割強は親の配偶者に頼っている。夫に依存しているのは、わずか五%だった。垣間見えてくるのは、親の介護となれば男性も出番か、と思いきや、「就業継続」という御旗のもとでは育児負担同様、妻の負担が大きいということである。一〇人中四人の妻は介護に携わりながら就業継続しているというこの大きな男女間の落差を、どう考えればいいのだろうか。

女性への依存を前提にした男女平等社会

「育児・介護と職業キャリア——女性活躍と男性の家庭生活」（労働政策研究・研修機構、二〇一七年）も、同様の傾向を立証している。

正社員の男女を比較すると、男性にも老親介護が広がっているが、その多くは自分の父母を対象にしたものだ。女性は〝嫁〟の役割の延長で、配偶者の父母の介護も担っている。

就業を継続するという観点からみると、介護の対象者である「配偶者の父母」と「自分の父母」を比較した場合、男性は両者間にあまり差はない（配偶者の父母を介護した場合の就業継続率は八八・九%、自分の父母の場合は九〇・〇%）。女性は「配偶者の父母」の介護に従事したときのほうが、「自分の父母」のときよりも離職の割合がやや高い（就業継続率は同七六・七%、八〇・七%）。〝嫁〟としての責任と負担が、「自分の父母」よりも重いのだろうか。

介護による肉体疲労やストレスを抱える割合も、女性のほうが高率だ。「健康状態が良好」

でも肉体的な疲労を感じている女性は四七・五％と半数近くに達し、男性の三八％を上まわる。ストレスもしかりだ。精神的なストレスを感じている女性は「健康状態が良好」という条件つきでも六割を突破し、男性(五四％)をしのぐ。しかし、仕事で事故や重大な過失を招きそうになった経験は疲労を感じている男性の七割近くを占める。ちなみに女性のそれは五五％だ。その原因の一つは男性のほうが労働時間が長く、管理職として重責を担っているケースもあり、それが介護の疲労、ストレスと重なって事故や過失のリスクなどを高めている可能性がある(池田心豪労働政策研究・研修機構主任研究員による)。

男性の場合、就業継続率は女性より高くても、健康状態の悪化が懸念される。女性の介護負担の重さ、男性の健康不安と仕事上の過失リスク。このあたりの改善をどう図るかが、今後の課題になる。

育児、介護負担の実情を追ってきたが、はっきりしているのは、女性への負担が大きいことである。固定的な性別役割分担の意識の反映と言ってしまえば簡単だが、育児も介護もと何から何までそれでことが処理され、一方で女性の活躍が社会的な課題になっている現実は、女性への依存を前提にした男女平等社会の構築、と命名するのが的を射ているのかもしれない。

V　活躍推進時代の影

1　男女間格差のルーツをたどる

独立とは「経済的独立」

落合浪雄《なみお》。新聞記者を経て劇作家などとして名を馳せた人である。といっても、現代の記者ではない。一九〇三(明治三六)年、萬朝報《よろずちょうほう》の記者だった落合は、『女子職業案内』を東京の出版社、大學館から出版する。今から百十数年前の時代に書かれた本にしては、なかなか刺激的な内容のものだ。現代語に直して、概略を紹介したい。

落合は書く――。

女性の独立。この言葉はよほど以前から多数の人が繰り返し、絶叫してきた。何ゆえに女性は独立しなければならないのか。何ゆえに独立を急がなければならないのか。男性が世に立って独立していくことが困難になったからだ。物価は騰貴しているのに収入は反比例を示し、年齢が来ても嫁をもらうことができない、独身者が増える、四十にして下宿住まいをする……。そのため、女性も大事な婚期を逃してしまう人が多くなった。決して女性の罪ではない。男性は自分一人すら養いかねるほど不甲斐ないものになってしまった。

かつては、職業を持つ女性は少なからず侮られることがあった。だが時代の変遷は、若い女性たちに何等《なんら》かの職業を求めさせなければならないようになってきた。女性も男性と相対して「或程度《あるていど》迄《まで》の権利」を持たなくてはならない。すでに男性は意気地がなく、妻を養うことも容易ならざる時代にあって、どうして女性は男性に媚びへつらうことがあるのか。女性は独立しなければならない。意気地のない男性の助けを受けないため、自分の権利を主張するため、独立しなければならない時期に遭遇している。

私が言う独立とは、夫も持たず独身で寂寥《せきりょう》とした生活をしなさいという意味ではない。経済的独立という意味だ。妻が夫にはなはだしい抑圧を受けているのも、夫に「絶対の権利」を掌握《しょうあく》されているのも、妻が経済的に独立していないからだ。今後は世の中、ますます世知辛くなって、妻を養うことができない夫が増えるだろう。となれば妻は、夫に養われずとも立派に独立を成し得るほどの力を養わなければならない。

明治の経営者の証言

ここから先は落合の「女子の職業」論が展開されるのだが、それを紹介する前に、当時、落合のような考えの男性ばかりではないことを、今度は法学博士、添田壽一《じゅいち》の論文から拾ってみる。添田は一八六四年生まれなので、一八七九年生まれである落合よりも一三歳先輩だ。官僚、実業家であった明治、大正期のエリートで、中外商業新報(現・日本経済新聞)の社長も務めた。その添田が大日本女學會が明治期に発行した『をんな』第六〜第八号(一九〇一年六〜八月)で、「女子の職業に就《つ》いて」を発表している。落合が『女子職業案内』を出版した二年前で、時代の状況はほぼ変わらないと考えていいだろう。双方の立場の違いが、女性が職業を持つことに対する考え方にも反映している。こちらも現代語に直して、概略を紹介する。

添田は書く——。

自然の分業上、男性は外で働き、女性は内をおさめるように天性を授かっている。女性の長所は家政を整えることの上に存在し、働く場所は家内、戸外ではない。働く方法も消費であって生産ではない。世間では、女性も男性と同じく工場などで働かせて差支えないという説を唱える者もいるが、その説が誤っていることを論じたい。

女性と男性とは、天性上、決して同一の者ではない。第一に身体の組織を異にしている。例えば筋肉の成長が、男性に比べて著しく劣る。骨の組み立てまで異なっている。生理学者は白骨を見て、男女を見分けることができるくらいだ。これは天然の相違であって、男性と同様に筋骨を使用したからといって、同じように成長するわけではない。

第二は智力上の相違である。外国の研究によれば、女性の脳髄（脳みそ）の重さは三二五匁《もんめ》三分三厘、男性は三六二匁一分三厘で、四〇匁弱（一五〇グラム、一匁は三・七五グラム）の差がある。脳髄の重さと智力とは互いに関係を持つという生理学上の説が確実である以上、女性は男性に智力上、一歩譲らなければならない。紫式部や清少納言のような大家もいたが極々少数、しかも文学上の大家であり、いまだに女性の大政治家、大学者が輩出したという話は聞かない。

第三の相違は、女性は感情に富み、事物に感動することが男性よりも著しいということだ。猛烈な機械の音を聞いても、男性はさほど感じないが女性はそうではない。第四は女性は分娩という一大任務を有していることである。このように身体上、智力上、精神上、任務上においても、男性と女性は「天然に」相違ある者どうしだ。これを同一に取り扱い、男性にできる仕事は女性もできると、同じ仕事に従事させるのは間違いではなかろうか。

女性にとってもっとも重要な仕事は、子どもの養育である。女性の天職ともいうべきもので、慈母がわが身を犠牲にしてまで子どもの養育にあたる姿は、とても男性の及ぶところではない。ところが最近、イギリスやフランスでは経済的に困難な家庭の女性が工場などに通う場合は、工場の傍らに子どもを預ける場所があり、そこへ頼んだりする。これは親たる者の慈愛のない行為だ。病人の看護も、女性の適切な仕事である。女性は懇切丁寧、堪忍強い性質なのでまさに適任だ。

以上から判断するに、冒頭に述べたように女性の働くべき場所は家内であって、戸外ではない。一家が修まらなければ一国も隆盛にならない。その一家を修める主任者とも言うべき存在——それが女性なのである。

女性は「温順親切」「綿密丁寧」?

落合と添田の女性観の違いは文章から歴然だが、むしろ添田の女性観が当時としては一般的だったのではないだろうか。新聞記者として落合は『女子職業案内』を書き、そのような女性観に一石を投じたとみていいだろう。新聞記者という立場であれば、それは当然の〝一石〟といっていい。

だが、明治という時代を生きたがゆえの、発想の限界はある。添田のように身体上、智力上、精神上、任務上の四点から女性の活躍の舞台は「家内」だと限定するようなことはないにしても、女性の性質が男性と差異あるところを列挙するとしてあげた次の三点からは、添田同様に時代の限界は感じ取れる。その差異とは、次のようなものだ。

①女性は温順親切、②綿密丁寧、③美的感情に富む。

落合は、彼自身が考えるこの三点の女性の特徴をもとに、女性に適した職業を次のように大別するのである（職業の呼称は原文通り）。

・①に属する職業——保母、看護婦、産婆、女医、小学校・幼稚園教員、高等女学校全科および専科教員
・②に属する職業——通信の事務員、計算事務員、金銭出納員、商品販売員
・③に属する職業——裁縫師、刺繡師、編み物師、写真技師、絵画家、図案家、音楽家、新聞雑誌記者、文学家

私が特に関心を持つのは、①の温順親切、②の綿密丁寧にもとづく職務分類である。現代風に言えば、「女性ならではの視点」を活かす職業、職務ということであろう。それにもとづく職務配置の原点が、明治時代あたりから続く、これらの基準にあるのではないか、と思っている。

現代企業の「女性ならではの視点」へのこだわりは、女性活躍推進の時代と呼応して、相当根強いものがある。一例として、就職活動で会社訪問をしている女子学生の発言を紹介する。自治体主催の公開の座談会で、一人の女子学生が質問の形で次のような意見を述べた。

「入社試験を受けに行くと、面接の段階でほとんどの会社から、女性ならではの視点を生かしてほしいと言われる。役員らしき人からも。女性らしさを発揮してほしいと言われている気がして、いやですね」

拡大解釈をするなら、女性向きの仕事があり、そのなかでぜひ力を発揮してほしいということではないか、と言うのである。女性ならではの視点、といっても定義がはっきりしていないだけに、この学生は女性らしさの発揮を要請されていると受け止めているようだが、私自身が出席した会議でも使用者側委員は、よくこの言葉を強調する。

落合の職業分類は、いわゆる性別職務分離の走りのようなものである。特に②の「綿密丁寧」にもとづく職務は、現代の一般事務職と呼ばれる職務に通じるものがある。仕事の内容は電話や来客の応対や郵便物の発送、文書や取り引き関係の名簿の作成など、基幹業務の社員の仕事をサポートするのが任務である。いわゆる補助的な業務で、このような職務には従来、女性が多く配置されてきた。その出発点が、落合の分析あたりではないか。そう思っている。

添田の考え方、特に脳髄の重さまで引き合いに出して智力の相違を展開する論法については、今は同感する人があまりいないと思うが、「女性にとってもっとも重要な仕事は、子どもの養育である。女性の天職」というくだりなどは、いまだに男性の発想に引き継がれている。女性の育児負担の重さは、その証明ではなかろうか。

添田のような考えの経済人が、二〇世紀後半にもいたらしいと思わせる証言記録もある。

堤清二の証言

「かつて男女雇用機会均等法の問題が討議された時、財界の名だたる指導者の一人が「わが国には古来の醇風美俗《じゅんぷうびぞく》があり、それを否定するような男女平等思想には反対である」と公会の席上で言明し、労働界、有識者をびっくりさせたことがあった。そんなに昔のことではなく、「財界」とはそんな思想と感性の人の集団だというイメージはいまだに社会に存在していると思う。

……女子は意識やライフコースの選択が多様なので「使いにくい」というのが、大方の男性管理者の考えだったのだから。しかし、この提言を読むと、〝働き蜂〟的男の生活観こそ、もしかしたら異常だったのかもしれないということに気付くのである。そしてこの部分こそ、わが国が国際的に孤立する大きな条件のひとつだったことに思い至る」

筆者は堤清二。この時の肩書は、セゾンコーポレーション会長。もう一つの肩書と名前は作家・辻井喬。堤からメッセージを寄せてもらった経緯を解説しておく。

一九九二年に財界の調査、研究機関、日本経済調査協議会に「男女共同参画型社会と企業」という名の専門調査会ができる。委員長はウシオ電機会長の牛尾治朗。牛尾の呼びかけで、当時、日本経済新聞婦人家庭部長だった私が主査を務めた。男女共同参画社会基本法が制定される、七年も前の話である。

「男女共同参画」ではなく「男女共同参画型」となっている。それが当時の男女共同参画の呼称の特徴だった。性別の垣根を取り払い、いかにして男女共同参画の思想を経営理念に取り入れられるかを議論した。

一九九六年に委員会と同名のタイトルの報告書をまとめ、委員の一人であった堤も寄稿した。「この提言を読むと」という寄稿のくだりは、私たちがまとめた報告書を指している。均等法の制定当時、男女間の機会均等の処遇に対して経済界の根強い反対があったことをII章で解説したが、堤の寄稿を目にするにつけ、やはり、と思わざるをえない。

著名な財界人とは誰か、男女の均等処遇に理解があった堤に聞くことはなかったが、一九八〇年代半ばにあっても添田壽一の思想を引きずるような、〝わが国古来の醇風美俗〟なるものにこだわり、「男女平等思想には反対である」と主張する財界人がいたことは確かなのだろう。

いや、財界人に限らない。政治家もしかりだ。I章3で触れたが、均等法制定当時の労働大臣が「女性は外で働いたりせず家庭にいるのが幸せ。自分の廻りにいる女性はみんな結婚したら家にいたいと言っている」と、均等法制定とは正反対の発言をしていたというエピソードなど、その典型である。

いまはどうなのか。経済界の重要な職にある人も女性の活躍に関して積極的な発言をしているが、これまたI章3で触れたように、性にもとづく役割の違いをほのめかす人もいる。表向きは女性の活躍推進を説いてはいても、本音は男女の特性、すなわち男性は外、女性は内という男女特性論を支持している人も少なくないのではないかと思っている。

男女共同参画社会基本法は、固定的な性別役割分担を前提としないで男女平等を目指すことを基本にした考え方だ。当然、男女特性論を背景にした女性の活躍推進などありえない。改めて、この点を強調しておきたい。

2　女性の貧困

困難に直面している人たちの暮らし

男女共同参画社会基本法に込められた理念を、国の男女共同参画行政にどう反映するか。そのアクションプランが、男女共同参画基本計画である。五年ごとに見直しをおこない、私は第1次計画から現在の第4次計画(二〇一六～二〇二〇年度)までの策定にかかわった。

第4次計画の八番目の政策分野には「貧困、高齢、障害等により困難を抱えた女性等が安心して暮らせる環境の整備」が入っている。この政策分野は表題がいう通り、多様な生活環境に身をおく人たちが安全・安心な暮らしができるように、生活環境を整えることを主眼にしたものだ。

多様な生き方。それをダイバーシティと名づけ、「従来の「日本人・フルタイム・男性」から、女性、外国人、短時間勤務の人へと広げていく」。それが「企業業績に結実する方策」だと、経済産業省はダイバーシティ経営を推進している(経済産業省編「ダイバーシティ経営戦略2」一般財団法人経済産業調査会、二〇一四年)。

第4次計画の第8分野は、そのような経営を特に意識したわけではない。生活するうえで困難に直面している人たちを念頭におき、解決策を模索したものである。

この政策分野の変遷を第1次計画からたどると、次のようになる。

- 第1次計画　第6分野「高齢者等が安心して暮らせる条件の整備」
- 第2次計画　第6分野「高齢者等が安心して暮らせる条件の整備」
- 第3次計画　第7分野「貧困など生活上の困難に直面する男女への支援」
- 　　　　　　第8分野「高齢者、障害者、外国人等が安心して暮らせる環境の整備」
- 第4次計画　第8分野「貧困、高齢、障害等により困難を抱えた女性等が安心して暮らせる環境の整備」

第1次、第2次計画の「高齢者等」には、高齢者のほかに障害がある男女が入っている。第3次計画は貧困に苦しむ男女の問題を考える新たな政策分野を設けたほか、さらに対象者を拡大し、日本で働き、生活する外国人、性的指向や性同一性障害を理由として差別を受けている人なども対象に加えた。第4次計画では、第3次計画の第7、第8分野が合体した。

この節ではおもに、貧困などを理由に生活困難に直面する女性に焦点をあてて、話を進めたい。

生活困難を抱える男女の問題をどう解決するかについては、男女共同参画会議の下部組織、監視・影響調査専門調査会を中心に、二〇〇八年七月から二〇〇九年一〇月にかけて審議をおこなった。私は会長を務め、二〇〇九年一一月に男女共同参画会議の名で、「新たな経済社会の潮流の中で生活困難を抱える男女に関する監視・影響調査報告書」が公表された。議論の成果は、第3次男女共同参画基本計画に反映されている。

背景に非正規雇用問題

女性の生活困難。これは以前からあった問題で、二〇〇〇年代に入ってから急に浮上したわけではない。

正確には、「配偶者の扶養がある標準世帯モデルの陰に隠れ、……潜在化してきた側面がある」(「新たな経済社会の潮流の中で生活困難を抱える男女に関する監視・影響調査報告書」)問題だったのである。だが単身世帯や一人親世帯、男性配偶者の雇用不安が深刻な世帯などの増加によって、女性自らが収入を得なければならない必要性が高まってきた。

もっとも経済不安が強い母子世帯の現状を、全国ひとり親世帯等調査(厚生労働省、二〇一六年度)結果から明らかにしてみたい。

母子世帯の定義は、父のいない児童（満二〇歳未満の子ども、未婚）が、その母によって養育されている世帯である。父子世帯は、母のいない児童がその父によって養育されている世帯。推計世帯数は、母子世帯は一二三・二万世帯、父子世帯は一八・七万世帯である。就業状況は、前者は正社員とパート・アルバイトなど非正社員がそれぞれ四四％前後で拮抗し、ほかに自営業が三・四％。後者は正社員六八％、非正社員六・四％、自営業一八・二％という構成だ。

母子世帯の母親自身の平均年間収入は二四三万円、父子世帯の父親は四二〇万円。父子世帯との収入格差が歴然だが、母子世帯も正規社員として働くか、非正規かで年収が大きく異なる。表V―1は母子世帯の二〇一六年の年収を、正規とパート・アルバイトとにわけて比較したものだが、前者は三〇五万円、後者は一三三万円だった。パート・アルバイトでは、年収が二〇〇万円未満が全体の八割強を占める。

父子世帯は正規の人の年収が四二八万円、パート・アルバイトは一九〇万円だった（表V―2）。

母子世帯を例に引きながら生活困難の状況をたどったが、ここでわかるのは、女性の生活困難の背景には、女性は非正規という就業構造上の問題があることである。さらには正規雇用であっても、男性より所得が低いという現実も否定できない。正規雇用の男女間の賃金格差は、

表 V-1　母子世帯の母親の働き方別就労収入(2016 年)

	100 万円未満	100〜200 万円未満	200〜300 万円未満	300〜400 万円未満	400 万円以上	平均年間就労収入
正規の職員・従業員	3.9%	21.9%	31.4%	21.5%	21.3%	305 万円
パート・アルバイト等	30.1	52.9	14.3	2.4	0.4	133

出典：全国ひとり親世帯等調査(厚生労働省)

表 V-2　父子世帯の父親の働き方別就労収入(2016 年)

	100 万円未満	100〜200 万円未満	200〜300 万円未満	300〜400 万円未満	400 万円以上	平均年間就労収入
正規の職員・従業員	1.1%	5.7%	16.5%	28.4%	48.3%	428 万円
パート・アルバイト等	7.1	64.3	14.3	14.3	0.0	190

出典：表 V-1 と同じ

男性一〇〇に対し、女性は七六だ。二〇代は「二〇〜二四歳」が九七、「二五〜二九歳」九二と差はあまりないが、男性に管理職が多い四〇代後半から五〇代で比較すれば、女性のそれは六八〜七三である(二〇一七年賃金構造基本統計調査、厚生労働省)。

母子世帯の預貯金額

I章3で女性の非正規雇用の問題に触れたが、ここでは母子世帯にしぼって、さらに話を進めていきたい。

まず相対的貧困率、すなわち年収が全人口の年収の半分にも満たない人口比率から見ていきたい。

相対的貧困率は国民生活基礎調査(厚生労

働省、二〇一六年）によると、一五・七％に達する。二〇一五年の貧困線〈等価可処分所得（世帯収入から税金・社会保険料等を除いた手取り収入を世帯人員の平方根で割った所得）の中央値の半分の額〉は一二二万円で、それに満たない人の割合が七人に一人というわけである。

さらに子どもの貧困率という概念があり、こちらは一七歳以下が対象で、一三・九％という結果だ。子どもの貧困率といっても小さな子どもには所得がないわけだが、その子が属している世帯の等価可処分所得をもとに計算している。

さて、母子世帯に関する相対的貧困率の数値は、「子どものいる世帯の生活状況および保護者の就業に関する調査２０１６」（労働政策研究・研修機構）が明らかにしている。結論を先に言えば、母子世帯の貧困率は高いということだ。

母親が正社員の母子世帯の相対的貧困率（貧困線は一二二万円）は、一九・二％に対し、非正社員の場合は六一・一％である。正社員であっても三割弱、非正社員にいたっては六割強の母親の所得が貧困線に達していない。

母親が無職の母子世帯のそれも四七・六％と高率だが、無職の理由は調査結果からは浮かび上がってこない。離婚した夫から生活費、養育費を受け取っているなど、何らかの要因が働いている可能性がある。生活保護の受給も、その要因の一つとして考えられるが、母子世帯の母親の生活保護の受給率は一割と低い。

母子世帯の経済状況の厳しさを、全国ひとり親世帯等調査(厚生労働省、二〇一六年度)からも明らかにしておこう。

まず預貯金額だが、「五〇万円未満」が四割を占める。収入が低く、預貯金もあまりないとなれば、経済不安が深刻化するのは当然である。母子世帯の母親が困っていることのトップが「家計」(五〇・四%)というのは、そのような事情の反映だ。次いで「仕事」(一三・六%)、「自分の健康」(一三・〇%)と続く。父子世帯の父親が困っているのはやはり「家計」だが、三八・二%と、母子世帯の母親に比べて一二ポイント低い。二番目は「家事」(一六・一%)で、「仕事」(一五・四%)をわずかではあるが上まわる。

養育費の取り決めをしている母子世帯の母親は四二・七%で、父子世帯の父親のそれ(二〇・八%)を約二二ポイント上まわる。受け取り額が決まっている世帯の平均月額は、母子世帯四万三七〇七円に対し、父子世帯は三万二五五〇円。比率からいえば、母子、父子世帯ともに「取り決めをしていない」世帯のほうが高く(母子世帯五四・二%、父子世帯七四・四%)、そのもっとも大きな理由は母子世帯の母親の場合、「相手と関わりたくない」(三一・四%)だった。

男性より低い女性の再婚率

母子世帯が増える背景には、離婚の増加や結婚の形の変化がある。母子世帯一二三万世帯中、ひとり親世帯になった理由の八割は離婚である（全国ひとり親世帯等調査、厚生労働省、二〇一六年度）。

日本の離婚件数は年間に約二一万組、片や婚姻件数は約六〇万組。結婚した三組うち、毎年一組が離婚していることになる。婚姻の動向に関しては、厚生労働省が毎年公表している人口動態統計をもとに多面的に分析した人口動態統計特殊報告「婚姻に関する統計」を、一九八七年度から九～一〇年の間隔をあけて公表している。直近のものが四回目の二〇一六年度版だ。

この二〇一六年度版によると、「夫婦とも初婚」（平均初婚年齢は夫三〇・七歳、妻二九・〇歳、二〇一五年）の件数は二〇一五年時点で四六万四九七五組で、再婚を合計したうえでの数値を一〇〇とした場合の構成割合は七三・二%。一九七五年（八二万二三八二組、八七・三%）、一九八五年（六一万三三八七組、八三・四%）に比べると、大きく減少している。ただ二〇〇〇年以降は、「夫婦とも初婚」は七割台で推移している。

再婚は、件数でいうと「夫再婚、妻初婚」がもっとも多く、二〇一五年は六万三五八八組、構成割合は一〇・〇%。次が「夫婦とも再婚」で六万一三二五組、九・七%。もっとも少ないのが「夫初婚、妻再婚」の四万五二六八組で、七・一％という結果だ。

離婚者の再婚状況をたどってみよう。

二〇一一年以降に離婚した人が一五年までに再婚をした割合をみると、どの年次でも離婚した妻よりも夫のほうが再婚する割合が高い。例えば二〇一一年に離婚し、一五年までのあいだに再婚した夫の比率は総数で二六・六％に対し、妻は二二・一％と四ポイント強の開きがある（表Ⅴ―3）。

内に再婚した割合

（単位は％）

2010 年（10～14 年再婚）		2011 年（11～15 年再婚）	
夫	妻	夫	妻
26.5	22.3	26.6	22.1
41.1	36.9	36.3	40.6
37.0	35.8	37.2	36.8
38.5	34.9	39.1	34.7
36.9	29.1	36.3	29.2
28.6	20.4	29.8	20.3
22.1	14.6	22.2	14.0
18.8	12.6	19.4	13.0
16.3	10.9	16.0	10.8

ちなみに再婚年齢は「夫再婚、妻初婚」は夫三九・六歳、妻三二・九歳、「夫婦とも再婚」は夫四六・五歳、妻四二・七歳、「夫初婚、妻再婚」は夫三五・九歳、妻三六・〇歳（いずれも二〇一五年）だった。

再婚の比率をみると男性の割合が高く、女性のそれに比べて三ないし四ポイントの開きがある。女性は離婚後、母子で生活する確率が高く、母子世帯数（一二三・二万世帯）が父子世帯数（一八・七万世帯）に比べて圧倒的に多いのも、そのあたりの事情が少なか

表V-3　2007～11年に離婚した人が離婚後5年以

離婚時の年齢階級	2007年 (07～11年再婚)		2008年 (08～12年再婚)		2009年 (09～13年再婚)	
	夫	妻	夫	妻	夫	妻
総　数	28.4	24.2	27.7	23.7	27.0	22.8
19歳以下	38.1	39.5	35.3	38.1	36.9	41.9
20～24歳	38.1	37.2	37.2	37.0	37.0	36.9
25～29	39.0	36.0	39.1	35.9	38.7	35.1
30～34	36.4	29.6	36.2	29.1	36.5	29.0
35～39	29.4	21.4	29.4	21.1	29.1	20.1
40～44	24.0	16.5	22.7	15.7	22.7	15.1
45～49	20.8	14.2	20.1	13.9	19.4	13.4
50歳以上	19.1	11.8	18.1	11.9	16.8	11.3

出典：2016年度　人口動態統計特殊報告「婚姻に関する統計」(厚生労働省)

らず反映している。

困難の「複合化、固定化、連鎖」

離婚の背景にある要因にも、目を向けてみたい。やはり見逃せないのが、女性に対する暴力である。

三人に一人の女性が配偶者から暴力を受けたことがあり、七人に一人は何度も暴力を受けたと訴えている(「男女間における暴力に関する調査」内閣府男女共同参画局、二〇一七年度)。二〇一四年度の調査では、被害女性はそれぞれ四人に一人、一〇人に一人だったので、配偶者間暴力が拡大していることを裏書きしている。むろん、女性だけが被害者というわけではない。配偶者から暴力を受けたことがある男性も五人に一人に達している。

被害を受けた女性の一二・六%、八人に一人の女性は相手と別れたが、四四・五%は「別れたい(別れよう)と思ったが、別れなかった」と答えている。別れなかった理由のトップは、「子供がいる(妊娠した)から、子供のことを考えたから」(六六・八%)。二位は「経済的な不安があったから」(四八・九%)だった。

被害を受けてから生活上に変化があったか、との問いには、女性の六割強が「あった」と答えている(男性は三八%)。変化の内容は「夜、眠れなくなった」(二六・二%)、「自分に自信がなくなった」(二三・〇%)、「心身に不調をきたした」(二〇・六%)などだ。男性の場合は、いちばん多かったのは「自分に自信がなくなった」(二〇・六%)だった。

配偶者間の暴力問題は、女性だけが被害者という構図ではない。だが、都道府県の配偶者暴力相談支援センターに寄せられた相談件数は、圧倒的に女性からのものが多い。二〇一七年度のそれは一〇万六一一〇件におよび、うち一〇万四〇八二件は女性からだ。もっとも多かったのは東京都の一万四〇九八件(うち女性からが一万三八七九件)。これらには計上されない、交際相手からの暴力に関する相談件数も一七年度は二九七八件に達し、そのなかの二八九六件は女性からの相談である(内閣府男女共同参画局調査)。

こうした暴力被害が、なぜ生活困難に結びつくかと言えば、被害者女性は暴力による精神的、身体的な被害に加え、場合によっては加害者である夫からストーカーをされたり、さらに裁判になれば精神的な負担だけではなく、金銭的な負担も強いられる。仕事の中断などもあって、経済的な困難に陥る危険をはらむのである。

監視・影響調査専門調査会が二〇〇九年一一月に公表した先の報告書は、「生活困難の複合化、固定化、連鎖」という形のまとめ方をしている。夫婦間暴力の被害女性を例に、その内容を紹介しよう。

深刻なＤＶ(配偶者からの暴力。Domestic Violence の略語)の被害女性は先に説明したように、身体的、精神的、金銭的な被害など複合的な被害に見舞われる可能性が高い。加害者の夫のストーカー行為や裁判などで多くのエネルギーを取られ、就業を中断しなくてはならなくなったり、低賃金などの不安定な就労などに陥ることが少なくない。経済的に困難なことが、子どもの養育のむずかしさにつながることもある。なんとか仕事を、と思っても非正規雇用が中心の断続的な就労が多い。キャリアを積み上げるまでにはいたらず、生活が困難な状況は固定化していく。

家庭環境が不安定であれば、子どもの教育や学習する機会も奪われることがあり、生活困難が世代間で連鎖する状況が生じる。

この報告書は、「女性の生活困難の背景には、男女共同参画社会の進展が道半ばであるといった問題が根底にある」のと同時に、「性別に基づく固定的な性別役割分担意識が影響」して、女性は結婚・出産などにともなって就業中断や調整をするなど、夫に生計を依存しがちだと分析する。克服のためには、Ⅵ章2、3でも改めて再考するが、固定的な性別役割分担の意識の解消や男女共同参画の視点の導入が欠かせない。

適性、能力に応じた自立を実現するには、「女性の就業継続や再就業を支援するための環境整備」や「ライフスタイルに中立的な税制・社会保障制度への見直し等」が必要だ。これが二〇〇九年に、監視・影響調査専門調査会が出した結論の一つだ。男女共同参画の視点といっても範囲は広いが、女性の生活困難に限れば、ひとつには女性は非正規雇用がいい(でいい)という考え方、現実からの脱却がポイントになる。

「女性は経済的な自立を必要としない存在」?

男性の非正規雇用者比率の変遷をたどると、一九九七年に一〇%台に乗り、二〇〇二年には一五%を突破する。二〇〇〇年代後半は一八〜一九%台を推移し、二〇一三年に二〇%に達する。一方、非正規の女性は、すでに二〇〇二年後半には五割を超え、その後は二〇〇三年四〜六月期を除けば、ずっと過半数で推移し、現在は五割台半ばに達している。

しかし、女性の非正規雇用比率が五割を突破しても大きな社会問題にはならなかった。男性のそれが二割台に近づいてきた二〇〇四、五年あたりになって、ようやく社会問題としてクローズアップされる。それと監視・影響調査専門調査会での議論は、時期的にはほぼ重なり合う形になった。

男性の非正規化は問題になっても、女性のそれには社会全体が鈍感だったのは、「暗黙のうちに女性は経済的な自立を必要としない存在として社会に捉えられ、問題が見過ごされがちであったことに他ならない」（「新たな経済社会の潮流の中で生活困難を抱える男女に関する監視・影響調査報告書」）。「女性は経済的な自立を必要としない存在」というとらえ方の背後には、経済面での支え手は男性の役割という性別役割分担の意識がある。未婚、離婚、死別の女性が増えれば、この発想は女性を生活困難に陥れる確率が高くなる。

一方、社会問題に浮上した男性が非正規労働者になることは、例えば結婚問題に影を落とす可能性がある。

二〇～三〇代の未既婚男女を対象にした調査結果（二〇一四年度「結婚・家族形成に関する意識調査」報告書、内閣府）によると、正規雇用の未婚男性の七八・五％は将来「結婚したい」と答えているが、非正規雇用の男性は六二・一％と、一六ポイントの開きが出ている。雇用が不安定で、低収入などにより結婚願望が萎む要因になっている可能性がある。

なお、女性はそのような発想はしていない。正規雇用、非正規雇用とも八割以上の女性が結婚したいと答えている。

さらに男性がかかえる問題を、別の角度から分析してみよう。再び全国ひとり親世帯等調査(厚生労働省、二〇一六年度)の結果に目を転じれば、父子世帯の場合、相談相手が少ないことが気になる。母子世帯の八割は相談相手がいるのに対し、父子世帯のそれは半数強でしかない。もちろん相談相手など必要ないという人もいる。こちらも母子、父子世帯では若干差があり、前者は四〇%、後者は四六%で、六ポイントの差がある。

男はひとりでも生きられる、という自意識の強さの反映なのだろうか。父子世帯になれば家事負担も男性の手に重くのしかかり、その克服も容易ではない。父子世帯の父親が困っていることとして、「家計」に次いで「家事」があがっているのは、その証明にほかならない。このように、孤立とか日常生活の自立の困難とか、男性の生活困難層には女性とは異なる特有の状況も広がる。

第4次男女共同参画基本計画は、「女性が当たり前に働き続けることができ、また暮らしていける賃金を確保できるよう、男女共同参画の視点から就業・生活面の環境整備を行う」ことを、生活困難に直面する女性などへの支援にあたっての「施策の基本的な方向」としている。

3　高齢者の貧困

高齢社会は「女性社会」

高齢者問題。七〇歳を過ぎた私にとって、他人事ではない。六〇代では感じなかったが、七〇代に入ると、さまざまな不安が頭をよぎる。健康不安、要介護不安、単独世帯不安、経済不安……。

総務省「統計からみた我が国の高齢者」によると、二〇一八年九月時点の高齢者（六五歳以上）は三五五七万人、総人口に占める割合は、一七年に比べて〇・四ポイント増の二八・一％で、過去最高だった。七〇歳以上の人口にしぼると、二六一八万人（前年比一〇〇万人増）、同二〇・七％で、こちらは初めて二割を超えた。日本は私を含め、五人に一人が七〇歳以上の高齢社会国だ。さらに七五歳以上にしぼれば、人口は一七九六万人（同一四・二％）、八〇歳以上は一一〇四万人（同八・七％）。高齢化は、年々進んでいる。

人口性比（女性一〇〇人に対する男性人口）で分析すると、例えば六五歳以上（三五五七万人）であれば、男性一五四五万人、女性二〇一二万人という内訳で、性比は七六・八だ。七五歳以上は男性七〇五万人、女性一〇九一万人で性比は六四・六、八五歳以上は男性一七六万人、女性三九三万人、性比四四・八という具合だ。

七〇も半ばを過ぎると寿命の男女間の差が顕著になり、男女が共生する社会から女性が多数派を占める社会へと転換していく。高齢社会とは、ズバリ「女性社会」なのである。

団塊の世代とは、一九四七年から四九年までに生まれた世代を言う。戦後のベビーブームで生まれた人たちだ。彼らを対象にした調査を、旧総理府が一九八九年におこなっている。「戦後ベビーブーム世代の生活意識に関する世論調査」がそれで、調査対象の団塊世代は四〇～四二歳の働き盛りだった。高齢期をどう過ごしたいか、という問いに対し、男女ともにトップは「趣味、娯楽を十分楽しみたい」。男性で多かったのは「年を取っても働けるうちは仕事を持ち続けたい」、女性で多かったのは「夫婦水入らずの生活を楽しみたい」「友人や隣人との付き合いを広げたい」などだった。

私は、これらを団塊世代ならではの回答とは思わない。ほかの世代も、だいたいこのような回答になると考えているが、働き蜂と揶揄《やゆ》されたこの世代の男性の特徴は、「老後の生活に対して不安に思っていること」に現れる。女性と比べると、「経済（生活費等）」「仕事」の回答率が高い。また一般論として「女性が勤めに出ること」に対しても、「結婚したら家庭に入る方がよい」「出産したら家庭に入る方がよい」「勤めに出ない方がよい」との答えが、合計すると三四・八％、三人に一人の割合になる。働くにしても育児が終わった段階でが四割強（四二・〇％）を占め、家事や育児をしながらでも働き続けるほうがよいという考えに賛同する男性は一七・六％と少数だった。

ひとり暮らしの高齢者の経済不安

仕事中心型の発想ゆえに、老後も仕事関連の不安が上位を占める。「俺がいなかったら、妻は経済的にどうなるのか」という思いが強いと推察するが、年を重ねるにつれ、高齢男女人口の性比からも明らかなように、多くの女性はシングルで生活するようになる。

総務省統計局が五年ごとに実施する国勢調査（二〇一五年）によると、六五歳以上の男性のうち八人に一人（一九二万四〇〇〇人）、女性は五人に一人（四〇〇万三〇〇〇人）がひとり暮らしをしている。女性のひとり暮らしは、男性の二倍強である。ひとり暮らしの増加は男女ともに顕著で、女性についていえば、二〇〇〇年国勢調査時は二二九万人、二〇〇五年は二八一万四〇〇

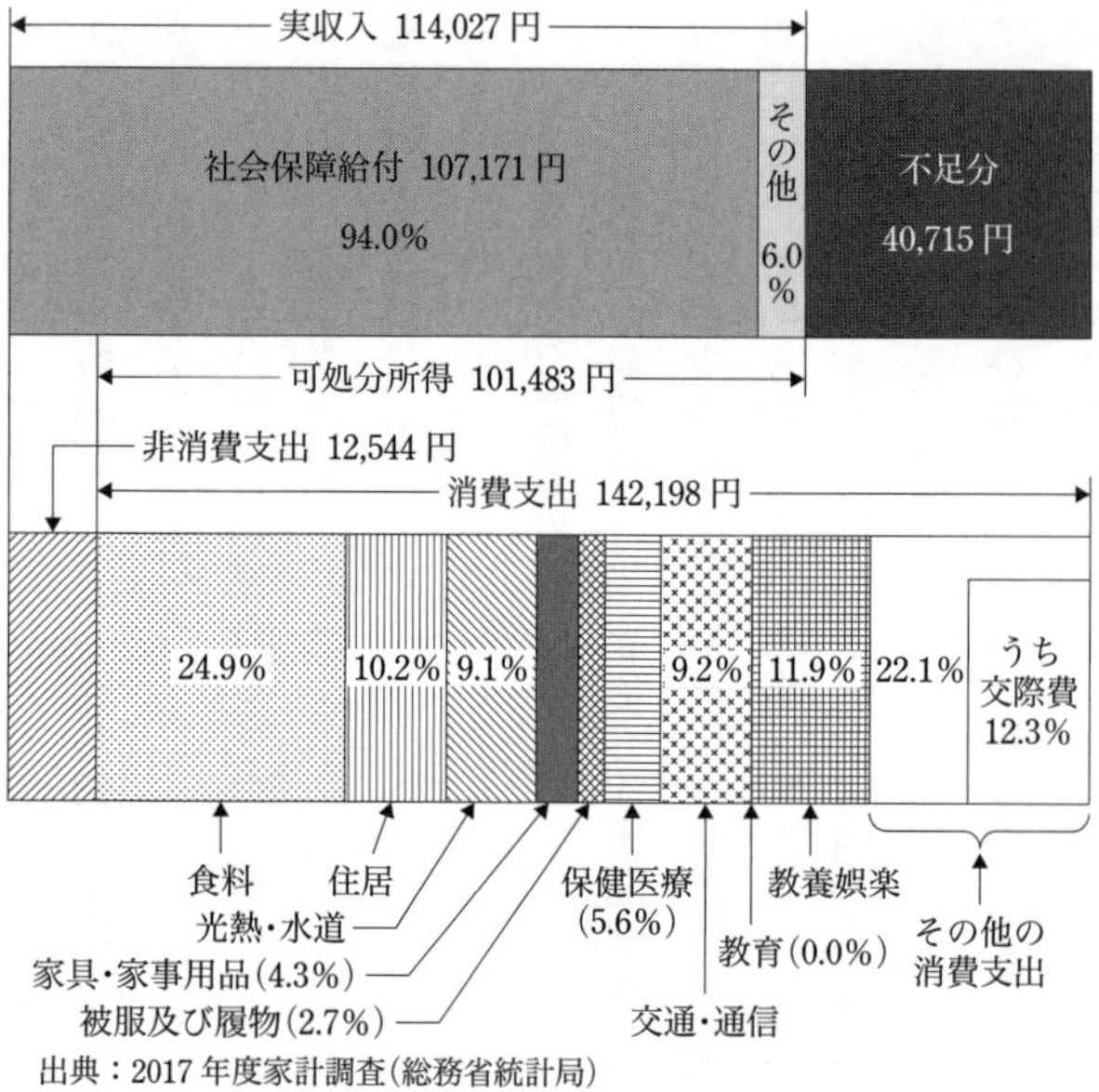

出典：2017年度家計調査(総務省統計局)

図V-1　高齢(60歳以上)単身無職世帯の家計収支

〇人、二〇一〇年は三四〇万五〇〇〇人、そして二〇一五年が四〇〇万三〇〇〇人と推移している。

一カ月の収支は、どのような状況だろう。

二〇一七年家計調査(総務省統計局)によると、六〇歳以上の高齢単身無職世帯の実収入は月額一一万四〇二七円で、うち可処分所得は一〇万一四八三円に対し、消費支出は一四万二一九八円。つまり、四万七一五円が不足する(六〇歳以上、無職世帯の男女別統計はない。図V—1)。

実収入の九四%は社会保障給付に依存しており、不足額が蓄積すれば、生活は苦しさを増す。無職世帯にとって、毎月四万円強の赤字が出る生活は、厳しいのひとことに尽きる。

前の節で紹介した内閣府の監視・影響調査専門調査会では、「高齢者の自立した生活に対する支援」に関する審議の基礎資料にするため、二〇〇八年一〜二月にかけて五五歳から七四歳の高齢者を対象に「高齢男女の自立した生活に関する実態調査」をおこなった。データは古くなったが、示唆に富んだ結果なので紹介したい。

調査結果から、ポイントを列挙すると次のようになる。

•単身世帯(一人のみの世帯)では「離別」女性が低所得なのが顕著で、年収六〇万円未満層が一割強、一二〇万円未満層は三人に一人弱(三二・五%)を占めた。同様に単身世帯の「未婚(婚姻経験なし)」男性が経済的に厳しく、六〇万円未満層が「離別」女性と同じく、一割強ほどである。

•単身世帯の男性は「未婚」「離別」「死別」いずれも、「主に正規雇用」が七割前後を占めた。ただ、「未婚」「離別」に、「非正規雇用が最も長い」男性が一割強いる。単身世帯の女性は「未婚」は七割近くが「主に正規雇用」で働いてきたが、「離別」、「死別」はそれが四割前後、「離別」には「非正規雇用が最も長い」人が三割を占めた。

・正規か非正規かという雇用形態の違いで、収入格差が二倍に拡大する。「主に正規雇用」の女性の平均年収二〇〇万円に対し、「非正規雇用が最も長い」女性のそれは一〇七万円。「主に正規雇用」でも、男性と女性とでは前者の年収が四二七万円、後者二〇〇万円と、男女間格差も大きい。

ざっと概略を紹介したが、高齢期の未婚男性や離別女性は、経済的な困窮に陥るリスクが大きいことが読み取れる。女性に限れば、壮年期までは主たる稼ぎ手は夫で、妻は家計補助的に働くという日本の典型的な夫婦の働き方パターンが、老年期に入り、伴侶との離死別などでひとり暮らしになったとき、経済不安に襲われる可能性が大きく、それを踏まえた老後設計が必要になることを示唆している。

生活保護を受けているひとり暮らしの六五歳以上の男性は三四万二〇〇〇人（ひとり暮らしの男性被保護者全体の四九・五％）、女性は三八万三〇〇〇人（同六八・二％）と、数の上ではほぼ拮抗している。だが七五歳以上に絞れば、男性一一万四〇〇〇人に対し、女性二二万二〇〇〇人と倍増する（二〇一五年度被保護者調査、厚生労働省）。

第2号被保険者への適用へ

非正規雇用で働いてきた高齢女性の年収が低いのは、受給する年金が老齢基礎年金だけ、という人が多い、という側面もある。日本の公的年金制度は、二〇歳以上の人がすべて加入する国民年金(基礎部分)と、会社員や公務員などが加入する厚生年金の〝二階建て構造〟になっている。

具体的には自営業者、大学生など国民年金だけに加入している第1号被保険者、毎月一定額の厚生年金の保険料を納めるサラリーマン、公務員などの第2号被保険者、専業主婦など被扶養者対象の第3号被保険者がそれだ。老後は第1号被保険者は老齢基礎年金を、第2号被保険者は老齢基礎年金と老齢厚生年金を足した額を、第3号被保険者は老齢基礎年金を受け取ることができる(Ⅳ章3参照)。

文字通り、皆年金制度ではあるが、第何号に所属するかで年金額が大きく違ってくる。

例えばパート労働者のなかには、国民年金(老齢基礎年金)だけを受給している第1号被保険者の人もいる。二〇一六年一〇月、および二〇一七年四月から第2号被保険者への適用が拡大され、一週間当たりの決まった労働時間が二〇時間以上(残業時間は含まない)、一カ月の賃金が八万八〇〇〇円以上、雇用期間の見込みが一年以上、従業員が五〇一人以上の会社で働いていること(五〇〇人以下の会社の場合は社会保険に加入することに労使の合意がなされていること)、学生ではないこと——という条件を満たす人であれば、第2号被保険者として保険料を支払い、老後は老齢基礎年金のほかに老齢厚生年金も受け取れることになった。

それまでは配偶者が第2号被保険者(おもに正社員、職員グループ)で、その人に「扶養されている」のであれば、本人の年収が一三〇万円未満の場合は、第3号被保険者として保険料を払わなくても老齢基礎年金を受け取ることができた。一三〇万円の壁、というのがこれである。それが改正によって一部が一〇六万円の壁に変わり、先に掲げた条件を満たし、かつ年収が約一〇六万円以上(あらかじめ決まっている所定内賃金が月額八万八〇〇〇円以上、残業代、通勤手当などは含まない)の人は第2号被保険者として、社会保険料を負担する義務が発生したのである。

保険料を負担したくないため、労働時間を減らすなど、就業調整をする人もいるが、第2号被保険者であれば老後の生活が安定することにもつながる。

一方で、第2号への転換を望むものの、雇用期間が半年、あるいはそれ以下という人もいる。同期間が一年未満であっても、雇用契約書などでの書面で契約が更新される場合がある旨が記載されていれば、適用の対象になるので、その点は確認が必要だ。

求職者の事情に合わせて働ける社会になったが……

パートで働く人たちのなかに、老齢基礎年金しか受け取れない第1号被保険者が多くいた理由の一つは、厚生年金保険への加入要件として一週間の所定労働時間および一カ月の所定労働日数が、同じ事業所で働く一般社員の四分の三以上という、いわゆる四分の三ルールが適用されてきたからである。サラリーマンの一週間の労働時間は、四〇時間である(週休二日)。その四分の三は三〇時間となるので、三〇時間未満の人は第1号被保険者に位置づけられてきた。

そのほうがいいという人、いや、もっと働きたいという人。さまざまな考えがあるのは承知しているが、自立した老後を考えれば、私は第2号被保険者として保険料を負担し、老後は老齢基礎年金、厚生年金を受け取ることができる働き方が望ましいと思っている。第2号被保険者の夫が高収入で蓄財もたっぷりという人でも、離婚などでひとり身になれば、どんな経済不安に襲われるかわからない。

もちろんそのためには、育児、介護などとの両立が可能な働き方の整備が必要になる。求人誌をめくると、「家事と両立しながら働ける」「生活に合わせて働ける」などのキャッチフレーズが飛びこんでくる。労働力不足が深刻化し、求職者の都合で働くことができる社会になったことを実感させるが、ワーク・ライフ・バランスという視点からは違和感がある。ワーク・ライフ・バランスは、基本的には仕事と家事、育児、介護などのバランスを取りながら、正社員として働き続けられることを狙いとしている。求人誌に踊るキャッチコピーは「日払い」「週払い」などとあわせ、短期型雇用の求人広告が目立つ。

働き方のニーズは、人さまざまである。正規、非正規の雇用を組み合わせた働き方なども含め、老後の経済不安にどう備えるのかを、考えておく必要がある。

Ⅵ　新たなステージに向けて

1 「自らの意思」の大切さ

「自らの意思」とは

V章3は、「働き方のニーズは、人さまざま」であり、そこから「老後の経済不安にどう備えるのかを、考えておく必要がある」という文章でピリオドを打った。別の表現をすれば「自らの意思」を尊重した働き方の模索、ということになる。

「自らの意思」の尊重は、きわめて需要な概念だと思っており、詳しい解説はこの章でするが、「働き方のニーズは人さまざま」については、「だが」という言葉も添えなければならない。高齢社会は女性社会だとV章3で指摘したが、だからこそ、ひとり暮らしになっても経済不安を払しょくして生きられる働き方を若いうちから考えなければならない。

子どもに手がかかるし、母親も育児期はパートだったとか、夫は高所得なので、妻が働く必要はないなど、個人の事情は人さまざまである。子育て、介護などの家族環境、親の生き方、夫の仕事事情などを背景にして、「働き方も人さまざま」だ。そうしたなか、経済的な自立というと大げさに聞こえるかもしれないが、どうすればそれに近づくことができるのかを一人一

表VI-1　第4次男女共同参画基本計画「目指すべき社会」

① 男女が自らの意思に基づき，個性と能力を十分に発揮できる，多様性に富んだ豊かで活力ある社会
② 男女の人権が尊重され，尊厳を持って個人が生きることのできる社会
③ 男性中心型労働慣行等の変革等を通じ，仕事と生活の調和が図られ，男女が共に充実した職業生活その他の社会生活及び家庭生活を送ることができる社会
④ 男女共同参画を我が国における最重要課題として位置付け，国際的な評価を得られる社会

人が思考を重ね、その結果、得られた「自らの意思」であれば十分に尊重できるものなのである。

さて、ここから先の「自らの意思」は、その話とは少し色彩が異なる。

第4次男女共同参画基本計画の第一部「基本的な方針」のなかの「目指すべき社会」には、四つの項目が並んでいる(表VI－1)。この四項目が第4次計画が「目指すべき社会」であり、「その実現を通じて、基本法が目指す男女共同参画社会の形成の促進を図っていく」のである。

その第一番目に掲げられているのが、次の文章である。

「男女が自らの意思に基づき、個性と能力を十分に発揮できる、多様性に富んだ豊かで活力ある社会」

この「自らの意思」という言葉は、男女共同参画社会基本法第二条一に書き込まれている。少し長くなるが、掲げておく。

「男女共同参画社会の形成　男女が、社会の対等な構成員として、自らの意思によって社会のあらゆる分野における活動に参画する機会が確保され、もって男女が均等に政治的、経済的、社会的及び文化的利益を享受することができ、かつ、共に責任を担うべき社会を形成することをいう」

「自らの意思」で選んだ生き方

「自らの意思」とは、何なのか。簡単に言えば、自分の考えで、仕事なり結婚なり、さらには将来の方向性などを決めるということだ。

第2次男女共同参画基本計画は、二〇〇五年一二月二七日に閣議決定する。その二日後、私の寄稿が新聞に掲載された。

「ジェンダーとは社会的・文化的に形成された性別、すなわち社会によってつくり上げられた性概念だ。それが場合によっては偏見、蔑視につながることもある。男女共同参画とは男女差別の是正と同時に、これら女性に対する偏見や優越感、所有意識、性別役割分担意識などの阻害要因も取り除いて、実質的に平等な社会をつくろうとする考えにほかならない」

「男女の生き方に対する固定的な概念、決め付けを解消することが、男女共同参画社会の形成の目的の一つだ。決して『女性は労働市場に出て働くべきだ』などと決め付けるものではない。……男性も女性も、どうしたら自分らしさが発揮できるのかは切実な課題だ。男女共同参画はそれを模索する上での大切な手掛かりなのである」(「目指す『男女共同参画社会』共働きでも主婦でも　多様な生き方可能に」『東京新聞』二〇〇五年一二月二九日)。

第3次、第4次男女共同参画基本計画の策定には計画策定専門調査会の会長代理、会長といった肩書で参加したが、第1次、第2次計画は一人の委員として議論に加わった。

第2次計画の策定時(二〇〇四年六月〜二〇〇五年一〇月)はバックラッシュ(揺り戻し)という動きがあり、男女共同参画にも一部の保守系の政治家から、伝統的な秩序を壊すなど、厳しい目が向けられた。内閣府の職員といっしょに与党のプロジェクトチームに説明に出向いた際も、家庭にいる主婦に外で働け、働けと言っているのではないか、といった指摘があった。

プロジェクトチームが用意した資料には、「本来は幼児の段階は母親が育てるべきだという認識が基本」「〇から三歳は主として母親の果たす役割が大きい。父親が休業してまで育児する必然性はなく、〝社会に貢献する父親〟が大切」「長い歴史の中から生まれた社会の秩序や慣行に触れないことが求められる」などの文章が並ぶ。彼らが考える伝統的な秩序とは、何度も述べているように、おもに固定的な性別役割分担意識にもとづく考え方であり、それを支持する人は男女を含め、現在も少なくない。

いろいろな考え方があること自体は否定しないが、当時は一部政治家だけではなく、計画案を全国主要都市で説明するため、地方に出かけた際も、一部市民から男女共同参画は専業主婦に働け、働けと言っているのではないかという指摘があったりしたので、ずっと引っかかっていた。

それに対する回答という意味も込めて書いたのが、先の寄稿文である。

「自らの意思」とまでは言い切らなかったが、どう行動するか決めるのは自分自身であり、男女共同参画は女性も仕事を持つべきだと言っているわけではない、というのが強調したかった点である。子どもが小さいうちは家庭にいたい――。それが、夫、家族に強要されたものではなく、「自らの意思」であれば、それでいいのである。いや、私は保育所を利用して働き続けたい、というのが「自らの意思」であれば、それもいい。夫との考え方との調整を図りながら決めればいいわけで、私の場合は、保育所を利用してともに働き続けるのが夫婦間の合意だった。

乳幼児期の子育ての担当は母親、という考え方が強い時代性を感じていただけに、当時、私たち委員は内閣府で公式非公式にずいぶんと議論を重ね、次のような結論にいたったと理解している。

すなわち、乳幼児期の子どもとのかかわり方にはさまざまな選択肢があり、母親、あるいは父親がかかわるというのも、その一つだ。しかし固定的な役割分担意識のもと、母親だけが子育てをおこない、周囲の支援も得られなければ、母親は孤立し、ストレスを高め、母子密着、過保護につながりかねない。社会から取り残されるという焦燥感に母親がさいなまれ、育児に悪い影響を及ぼすことも考えられる。母親のみが育児を一手に引き受ける仕組みを変え、父親をはじめ、周囲が積極的に育児にかかわることが重要だ。養育の質（child-care quality）を、高める必要がある（内閣府資料、二〇〇三年）。

労働力不足が解消したら、どうなる？

第3次計画に盛り込んだ「目指すべき」社会についても、参考までに触れておきたい。

①固定的性別役割分担意識をなくした男女平等の社会
②男女の人権が尊重され、尊厳を持って個人が生きることのできる社会
③男女が個性と能力を発揮することによる、多様性に富んだ活力ある社会
④男女共同参画に関して国際的な評価を得られる社会

「自らの意思」という言葉は使っていないが、それに該当するのは①である。

第4次計画では、固定的な性別役割分担意識では硬いイメージになりはしないか、と考え、それに代わる表現として「自らの意思」を前面に押し出した。

男性は仕事、女性は家庭と固定的に性役割を考えるのではなく、「自らの意思」で人生を歩む。そのような思いがこの五文字に込められ、意味するところは固定的な性別役割分担意識の否定である。そしてこの五文字は、女性活躍推進法の第一条にも登場する。第一条は同法の「目的」に触れたもので、「この法律は、近年、自らの意思によって職業生活を営み、又は営もうとする女性がその個性と能力を十分に発揮して職業生活において活躍することが一層重要となっていることに鑑み、……」、男女共同参画社会基本法の基本理念にのっとって、女性活躍の基本原則を定めたという。

こうなると、各人それぞれが「自らの意思」をどのようにして持つのかが、大きな課題になる。第1次から第2次の男女共同参画基本計画は、男女共同参画の理解をうながし、普及啓発に力点をおくことが重要な課題になった。

それをファーストステージとすれば、セカンドステージの第3次計画では「実効性のある男女共同参画」をアピールした。例えば「女性の活躍による経済社会の活性化」の必要性は、すでにそこで強調されている。

そしてサードステージにあたる第4次計画は、「自らの意思」にもとづく個性と能力の十分な発揮、固定的な性別役割分担にとらわれない行動や発想の必要性を求めていると、私は認識している。

サードステージが目指す「自らの意思」を持っての個性と能力の発揮は、むずかしい課題であり、意識改革も必要になる。自分はどうしたいのか、今までの自分でいいのか、そのためには何を学べばいいのか、子育てをしながら働き続けるうえでどんな障害が想定できるか、それをどう克服すればいいのか、非正規雇用で働いてきたが、正規雇用に転換するうえでどんな問題を克服しなければならないのか——。思いつくままに問題点を並べてみたが、〝ニューステージ〟への転換を図るにあたって、避けては通れない課題ではある。

◇

女子大学で教鞭をとっていた当時、毎年春になると、新入生にどんな生き方が理想か、アンケート調査をおこなった。もっとも多かったのが、母親のように子どもが生まれたら家庭に入り、手が離れたら再就職する、という趣旨の回答だった。理想とは言わないまでも女性の生き方のモデルを母親に求め、継承し、再生産されていく。そんな彼女たちに「自らの意思」を持つことの大切さを説き、改めて女性の一生を考えてもらうのが講義のポイントだった。

その成果とまでは言わないが、結婚、出産を経た私のゼミ生(二〇〇六〜一五年に卒業、在学)で、今も定期的に交流がある者のうち仕事を辞めて専業主婦になったケースはない。「女性の経済的自立の必要性を先生に、いやと言うほど聞かされましたから」と彼女たちは笑う。特に若い人たちに「自らの意思」を持つことをうながすにあたっては、周囲のアドバイスや教育も欠かせない。

元ゼミ生たちに共働きを続けるポイントをたずねると、「夫の家事・育児参画」という答えがもっとも多く聞こえてくる。「でも協力的な男性だけではないのではないか」、「いえ、そんな男性は、夫と認めません」と、もちろん、笑い交じりの会話だが、強さが「自らの意思」を支えている。

それにしても、時代は変わったと思わざるをえない。第2次男女共同参画基本計画の策定にあたった二〇〇四年、二〇〇五年当時は、「働け、働け」と、男女共同参画が女性を労働市場に追いやろうとしていると批判した人たちがいたわけである。現在はどうか。むしろ政府が、そして企業が既婚女性も含め、女性の労働市場への進出を積極的にうながしているのである。「女性活躍推進」という言葉に、それが込められている。

バックラッシュが激しかった時代から二〇年近くが経過し、女性が労働市場に出ることへの理解が深まったのか、いや、深刻な労働力不足を背景に、とにかく人手がほしいだけなのか。

こうした流れを見ていると、男女平等観などというものは、普遍的な課題というよりは経済事情などによって変化を遂げる可能性があると考えざるをえない。そうなると、労働力不足が解消し、労働市場に外国人労働者や高齢者も含め、人があふれるようなことになったら、雇用の場での女性活躍推進から、家庭での活躍推進に逆戻りするのだろうか。長くこうした問題にかかわってきた身には、これらは他人事ではない懸念なのである。

2　古くて新しい課題「固定的な性別役割分担意識」の解消

自分は専業主婦が夢？

この本全体を通して折りに触れ、何度も固定的な性別役割分担意識の問題が顔をのぞかせた。この問題ほど、古くて新しい課題はない。男女共同参画社会の形成、女性が活躍できる社会の推進。どのテーマを取っても、この問題の解決抜きには、先に進まない。

だからこそ男女共同参画社会基本法は「自らの意思によって社会のあらゆる分野における活

動に参画する機会が確保され」る(第二条)ことの重要性を強調する。これは前の節でも指摘したように、固定的な性別役割分担意識の否定である。

女性活躍推進法は、女性が仕事で個性と能力を発揮するには、「性別による固定的な役割分担等を反映した職場における慣行が女性の職業生活における活躍に対して及ぼす影響に配慮」しなければならない(第二条)と、固定的な性別役割分担意識にもとづく職場慣行には問題があることを指摘している。

だが、固定的な性別役割分担意識の否定というものの、その受け止め方は複雑である。夫が外で働き、妻が家を守る。それを理想的な役割分担と見るのか、あるいはさらに踏み込んで現実的な一般論としてはどうなのか、とまで問い質した調査に、内閣府男女共同参画局が実施した「地域における女性の活躍に関する意識調査」(二〇一五年)がある。

まず、理想論から眺めてみよう。「自分の家庭の理想は、「夫が外で働き、妻が家を守る」ことだ」という考え方に「そう思う」「ややそう思う」女性は四三・九%、男性は四四・四%と半数近くを占める(「そう思わない」「あまりそう思わない」は女性五六・〇%、男性五五・六%)。二人のうち一人弱は男女を問わず、「理想」から言えば夫がしっかり働き、妻は家を守ってほしいと考えている。

繰り返しになるが、これはあくまで理想論なのである。では、現実にはそれが成り立つのか。結論から先にいえば、「とんでもない」ということになる。「自分の家庭に限らず一般に、「夫が外で働き、妻が家を守る」べきだと思う」女性は二七・六%(「ややそう思う」も含む)と四人に一人強でしかない。男性は女性よりも賛同者が多いものの、三五・八%(同)と、理想と考えた人より八・二ポイント下まわる。

この差をどう見るのか、解釈がむずかしいが、例えば女性からは、私は理想としては専業主婦をしていたいけど、夫の月収を考えればそうも言っていられないのよね、という声が聞こえてくる。東京都だけみると、理想論肯定派は女性が四五・五%、男性は四二・一%に対し、〝べき論〟肯定派は前者が二九・七%、後者が三四・三%だった。

なぜ理想論としては夫が外、妻が家と考える人が半数近くを占めるのか。V章1で紹介したような「女性にとってもっとも重要な仕事は、子どもの養育である。女性の天職」といった伝統的な性別役割観から、意識のうえでは男女双方が必ずしも解放されてはいないのだろう。特に家事や育児に関しては、その傾向が根強い。

それが如実に感じられるのが、この調査の次の問いかけだ。「家事や子育ては、女性が行った方がよい」という考え方に対して、女性の四六・八%、男性は五五・五%が支持しているのである。性別役割分担には問題があり、それから解放されなければ女性の地位向上は望めないと頭ではわかっていても、家事・育児となると、「女性の仕事」と考えてしまう人が、いまだに男女ともに二人に一人はいる。女性が夫の稼ぎを補てんする目的で働くにしても、本当は専業主婦でのんびりしたいというあたりに本音があるのかもしれない。だが、逆に、残りの二人に一人は、そうは考えていないと解釈できる。

「男性が主で女性が従」

女性の自立が盛んに説かれたのは、女子差別撤廃条約の批准、男女雇用機会均等法が施行された一九八五年前後あたりからである。そうしたなか、一九九二年に東京都生活文化局は報告書『女性の自立に関する研究』を公表する。東京都在住の女性を対象に、当時、女性が自立をどのように考えているのかをまとめたものだ。

男性の自立にとって「非常に重要」と、東京都在住の八割の女性の支持を集めたのが「職業に従事する」、七割台の支持項目は「家族を経済的に支える」「自活ができる」「自分の考えで行動できる」など。支持が過半数に達しなかった項目は「家庭をまもる」「身の回りのことが自分でできる」「家事ができる」「育児ができる」などで、「家事」「育児」の支持率は一割台でしかなかった。

一方、女性の自立にとって「非常に重要」と過半数の女性支持を集めたのは、「身の回りのことが自分でできる」「生き方を自分で選択できる」の二項目だけ、支持率も五割台でしかなかった。「育児ができる」「家事ができる」「職業に従事する」などは三割台の支持しか集まらず、「家族を経済的に支える」「政治に関心をもつ」にいたっては一割台だった。

当時、都内に住む女性は、男性については仕事を持ち、家族を経済的に支えることが自立要件と考えていた。しかし女性が日ごろ家庭内でしていることは、男性にとっても必要な自立要件だとは見ていなかった。男性の生活者としての自立も説かれていたものの、「育児ができる」「家事ができる」「身の回りのことが自分でできる」などは、女性たちは「男性の自立にとって重要でない」とも見ていたのである。

分析した袖井孝子お茶の水女子大学教授（当時）は「男性が主で女性が従、あるいは男性が中心で女性はそれを補佐するという状態」が長かったので、「自立といえば男性の状態を想定する人が大部分を占め、女性の自立状態を想定するのが大変に難しい」状況だったのではないかと推察する。だからこそ、男性の職業活動には高い評価が与えられるが、女性の家事や育児などは「あまりにも当たり前」であり過ぎ、「自立と結び付けて考えにくく」かったのではないかというのである。

むろん就業形態別に見れば、少し違う姿が現れる。例えば「経営・管理・常雇」グループに属する女性は、半数近くが「職業に従事する」を、女性の自立にとって「非常に重要」と答えている(四八・四%)。「臨時・パート」の場合は三二・七%、「自営・家族従事等」は三五・七%、「無職」は二六・一%だった。「非常に重要」なものとして男性のように七割、八割も支持を集めた項目は、フルタイムで働く女性グループ(「経営・管理・常雇」)ですら、ひとつもなかった。同時に、各グループとも「家庭をまもる」は四割台(「経営・管理・常雇」だけは三割台)、「家事ができる」「育児ができる」は共通して三割台の支持を集めている。

それは女性の場合、「職業に従事する」といっても男性ほど期待値が高いものではなく、だからこそ「家事、育児ができる」ことと同列に扱われ、特段のウエートづけがなされなかったのだろう。「しょせんは女のする仕事」という、別格の、軽い扱いなのだ。

末の子の年齢が低いほど、重い妻の負担

現代社会も、その延長線上にあるのではないか。仕事と家庭の両立に向け、両者のバランスをどうとるかは、男女共同参画社会の形成をはじめとする国政の課題にもなっているが、男女

共通の課題かと言えば違う。建て前ではそうであっても、現実には「仕事と家事、育児」の両立は、女性だけに突きつけられた重い課題である。

Ⅳ章4で引用した「男女正社員のキャリアと両立支援に関する調査結果（2）――分析編」（労働政策研究・研修機構、二〇一四年）からも、それが浮き彫りになる。

子どもが小さければ夫婦でかかわることがより大切だが、実態は逆だ。妻の負担は末子の年齢が低いほど重くなり、「末子七歳未満」の妻の八三・三％（妻は管理職、従業員三〇〇人以上に勤務）、および九一・七％（同一〇〇〜二九九人）が、「妻が六〇％以上」を負担していると答えている。「末子七〜一二歳」の場合は、それぞれ七三・五％、八五・七％だった。管理職になれば男女を問わず責任が重くなるが、夫の家事・育児参画はできていない。

夫の分担が多いのは、「有配偶・子なし」の夫婦だった。子どもがいない妻の二七・一％（妻は管理職、従業員三〇〇人以上に勤務）、二五・〇％（同一〇〇〜二九九人）が「ほぼ半分」を夫が分担すると回答している。幼い子どもがいて、もっとも夫婦間のチームプレーが必要なときには夫はあまり手を出さない。子どもがいない家庭では、夫も家事を分担する。これをどう解釈すればいいのだろう。

いずれにしても女性管理職は、昼間は会社の仕事、帰宅すれば家事・育児と多忙で、これでは管理職という肩書を提示されても、拒否反応が先に立つのも無理はない。

調査では役職なしの女性の約九割、係長・主任女性の約七割は、課長以上への昇進を望んでいなかった。理由のトップは「仕事と家庭の両立が困難になる」。男性の管理職志向も強くはない。役職なし男性の約四割は昇進を望んでいないが、理由には大きな相違があり、「メリットがないまたは低い」「責任が重くなる」などが上位を占める。仕事と家庭の両立の困難さを理由にあげる人は、一割台だった。

ヨーロッパでは

繰り返しになるが、女性は仕事と家庭を同列に置き、両者にどうかかわるかで悩んだり苦しんだりするが、男性の場合は仕事最優先、余裕があれば家事、子育てにもかかわりましょうという実態が、こうした調査結果から浮き彫りになる。海外はその点、どうなのだろう。

表VI—2は「就学前の子供の育児における夫・妻の役割」を比較したものである(二〇一五年度少子化社会に関する国際意識調査報告書、内閣府)。ヨーロッパ各国と比較して、日本が決定的に違う点は「(育児を)妻も夫も同じように行う」という点だ。各国は五割を超し、特にスウェーデンは九三・九%と高率である。日本だけが「主に妻が行うが夫も手伝う」が五割を突破し

表VI-2　就学前の子供の育児における夫・妻の役割（2015年）

（単位は％）

	専ら妻が行う	主に妻が行うが夫も手伝う	妻も夫も同じように行う	主に夫が行うが妻も手伝う	専ら夫が行う	わからない
日本	8.5	55.0	33.2	0.9	―	2.4
フランス	14.0	33.3	50.6	0.6	0.1	1.4
スウェーデン	0.3	5.0	93.9	0.1	―	0.7
イギリス	2.6	31.4	64.6	0.3	0.1	1.0

出典：2015年度少子化社会に関する国際意識調査報告書（内閣府）

ている。

「専《もっぱ》ら妻が行う」家庭はフランスは日本よりも多いものの、「妻も夫も同じように行う」家庭は半数強を占める。夫婦対等に、という考え方が多数、あるいは大多数を占めるのだ。

日本では、このような発想の転換が可能なのだろうか。過去には、例えば一九九一年に第13次国民生活審議会統合政策部会基本政策委員会が中間報告書「個人生活優先社会をめざして」のなかで、「男女の固定的な役割分担意識を改め、これまで女性の役割とされてきたものを男性も分担するシステムづくりが求められる」などと、一歩踏み込んだ提言もしてきた。

政府も同様である。一九九二年に閣議決定した「生活大国5か年計画」のなかで、「女性が十分に社会で活躍できるよう、これまでの男女の固定的な役割分担意識を始め社会の制度、慣行、慣習等を見直し、男女共同参画型の社会を実現することが必要である」とした。

ただ、いずれの指摘も、報告書や計画のメインテーマではない。こうした重要なテーマに割かれたのは、わずか数行にすぎない。

もっとも大きく踏み込んだのは、男女共同参画社会基本法である。「固定的な性別役割分担」という言葉が盛り込まれた条文(第四条 ……社会における制度又は慣行が、性別による固定的な役割分担等を反映して、男女の社会における活動の選択に対して中立でない影響を及ぼすことにより、男女共同参画社会の形成を阻害する要因となるおそれがある……)もあるが、全体を通して、伝統的な性別役割ではなく、「自らの意思」で社会参画し、「男女が均等に政治的、経済的、社会的及び文化的利益を享受することができ、かつ、共に責任を担うべき社会を形成する」(第二条)必要性を説いている。

残念ながら男女共同参画は、必ずしも十分に理解が行き届いているとは思えない。若い世代からは「何? それ」という反応があるし、理解しているはずのごく一部の研究者には「政府の男女共同参画は生ぬるすぎる」と反発する人もいる。中高年層、さらには保守系を自称する一部の層には、「男女共同参画は、家庭をしっかり守るのは女性の務めという伝統を破壊する」という主張もある。こうしたなかで、男女共同参画の理念をどう浸透させるかは、固定的な性別役割分担意識の解消同様、古くて新しい難問ではある。

だが、男女共同参画の理念が現実のものにならないかぎり、女性の活躍推進と言ったところで、女性は相も変わらず補助労働力、あるいは仕事の繁閑に応じた縁辺労働力としての活躍でしかないことは、これまでのデータで示した通りである。そのあたりの事情を念頭におき、私は、「日本型男女共同参画」という言葉をつくった(『男女平等は進化したか――男女共同参画社会基本法の策定、施策の監視から』新曜社、二〇一七年)。

データとして依拠したのは、東京都女性活躍推進白書(東京都、二〇一六年)。東京都在住の、仕事を持つ男女の平均帰宅時間は、両者ともに全国でもっとも遅い。男性は二〇時二八分、女性は一八時三七分。ちなみに、全国の男性で平均帰宅時間が二〇時以降の自治体は、千葉(二〇時〇八分)、神奈川(二〇時〇五分)、埼玉(二〇時〇一分)の三県だった。女性で一八時過ぎに帰宅する自治体は、宮城(一八時三二分)、神奈川(一八時二九分)、千葉(一八時一五分)と、こちらも三県。

仕事を持つ男女のあいだには、二時間弱の差がある。この「二時間の差」は、何を意味しているのだろうか。

東京都在住の仕事を持つ女性が育児に費やす時間は約四時間三三分に対して、男性は約一時間。家事時間は女性二時間三七分、男性四六分。介護の時間は女性四九分、男性三二分。仕事関連では残業時間が女性は四二分に対し、男性は一時間四二分、通勤に女性三七分、男性五六分――。男性は残業もあり通勤時間も長い。だから家事や育児には十分な時間が捻出できない。そのようなもろもろの事情が、女性は二時間早めの帰宅という結果になって現れる。

女性は平均一八時台に帰宅する、というのは、残業時間、通勤時間が短いほか、調査の対象者には非正社員が一定数いるはずだからである。保育所への迎え、帰宅すれば夕食の準備、子どもとの会話など、多忙な時間を過ごす。それだけではない。ご近所との付き合いもあるだろうし、生活に必要なものを買いそろえるための時間にもあてられる。この「二時間の差」こそ、夫にはしっかり外で働いてもらい、妻はちょっと家計を補完する程度働いて、後は家事や育児、介護、近所づきあいなどをこなすという、性別役割分担を象徴する時間差なのだ。

仕事、家庭「どちらも」

厚生労働省は一九八六年から国民生活基礎調査を実施しているが、「児童のいる世帯」(末子が一七歳以下)の仕事を持つ母親の比率が、二〇一七年に初めて七割を超えた。

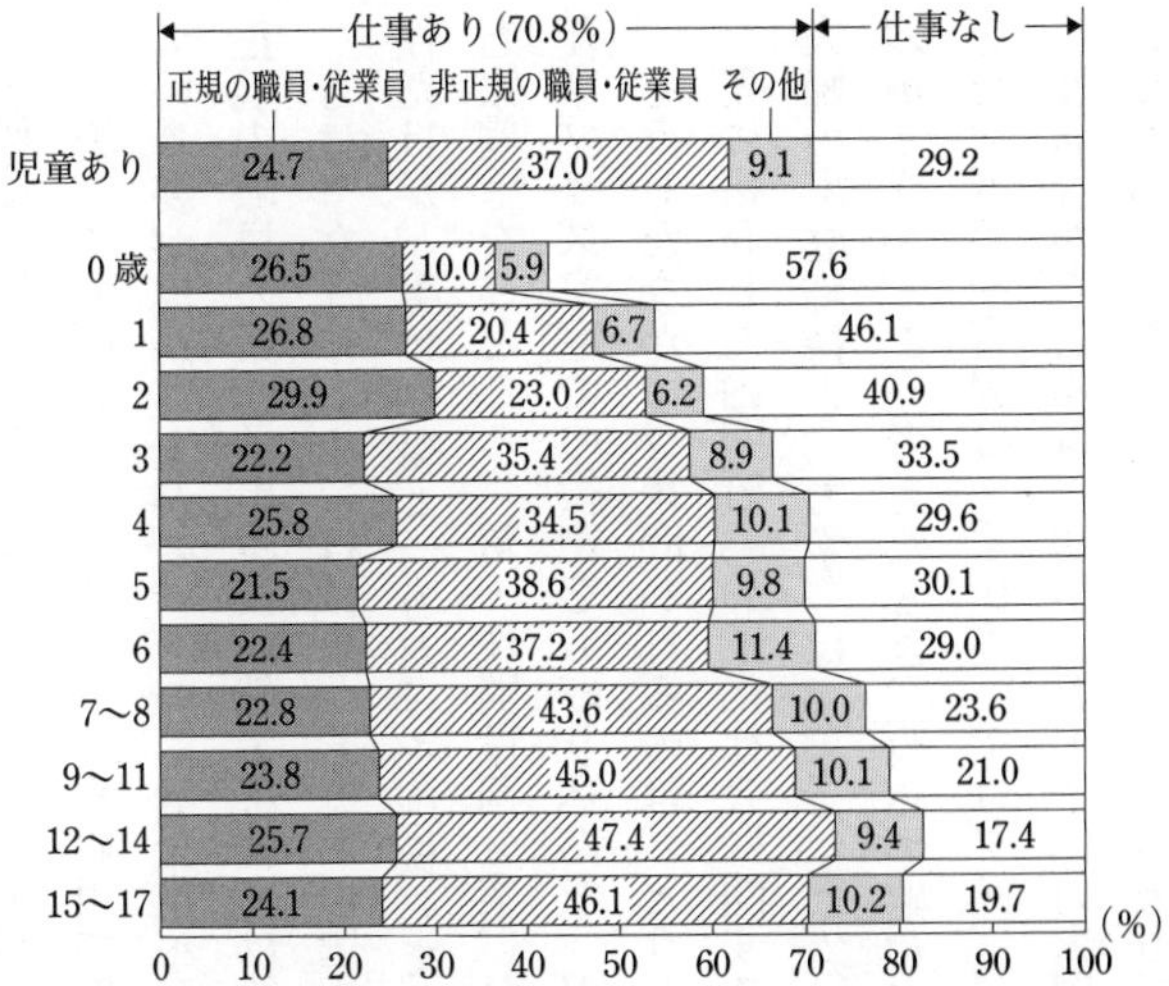

出典：国民生活基礎調査（厚生労働省）

図 VI-1　末子の年齢別にみた母の仕事の状況（2017 年）

図VI―1は、末子の年齢別に見た母親の仕事の状況である。正社員比率はあまり変化がないが、末子年齢が高くなるにつれ、非正社員として母親が労働市場に出ている。「児童のいる世帯」は全世帯平均に比べ、「生活が苦しい」（五八・七%、全世帯平均は五五・八%）こともあって、女性活躍推進のかけ声などとは関係なく、この傾向は強まるだろう。

ふたり親世帯の非正社員で働く母親の七割弱は、年収が当時の配偶者控除の限度額一〇三万円以内だ。第3号被保険者の限度額、一三〇万円未満も含めれば、七七%になる（「子どものいる世帯の生活状況および保護者の就業に関する調査２０１６」労働政策研究・研修機構）。低収入とはいえ、夫の給料を補完しなければ家計が成り立たない現実がある。

一方、この図VI―1からは、正規雇用で働く女性が、子どもが小さい時には辞めずに頑張っている姿が浮かび上がる。二〇一五年出生動向基本調査（国立社会保障・人口問題研究所）でも、正規の職員の第一子出産後の就業継続率は約七割と高率だ（III章1参照）。

もはや女性にとっては仕事か家庭かの選択ではなく、どちらもの時代になったのである。男性だけが、男は仕事と一方だけを選択しているわけにはいかないのだ。「男は仕事、女は仕事と家庭」をひところ、新・性別役割分業、分担などと呼んだりしたが、いずれにしろ男性も、仕事プラス家庭での役割をも取り込んだ、どちらも人間にならなければならない。

そうしたなかで今後問われるのは、どういう形でのどちらも人間になるかだろう。

先に紹介した内閣府「少子化社会に関する国際意識調査報告書」の言葉を引用すれば、現代夫婦の家庭維持の〝力学〟は、「主に妻が行うが夫も手伝う」という形だが、そのままでいいのかどうか。こう考えたとき、改めて娘が婚約者に言っていたという言葉を思い出す。「結婚したら家事や育児は「手伝う」ではダメ、対等に「分担する」こと」と。

残念ながら日本は「家事・育児手伝い大国」だということは、先に掲げた西欧諸国との比較からも明らかだ。あちらは育児は夫も妻も同じように分担する「対等分担大国」なのである。

そのような大国になれるのか。それとも「家事・育児手伝い大国」のまま進行するのか。労働市場での女性の活躍を政府ですら鼓舞喧伝する時代だけに、自分たちはどちらなのか、あるいはどちらを目指すのかを、夫婦間で議論してもいいのではないだろうか。

地方自治体の緊急課題

地方自治体にも、この問題を実効性あるものにするにはどうするかを検討したうえで、男女共同参画プランに盛り込むところが出てきた。

神奈川県平塚市の男女共同参画プランの「目標」は、「男女がともに活躍できる社会の実現」。その「目標実現のための視点」が、「固定的な男女の役割分担意識の改革」である。ほかの自治体にも「視点」というタイトルを設け、課題を盛り込むところもあるが、だいたい課題は複数並んでいて、固定的な性別役割分担意識の解消だけ、というケースは珍しい。

二〇一七年度からは、この「視点」を男女共同参画関連施策すべてに活かす形で、行政を展開している(二〇二三年度まで)。

それを前面に押し出したのはなぜか。平塚市によると、男女共同参画社会実現に向けての参画プランの体系を整理したところ、どの「基本方針」、どの「施策」にも行政課題を阻害する要因として根底に見え隠れするのが「固定的な男女の役割分担意識」で、その「意識」改革の必要性を痛感したという。では、それをどうおこなうのか、担当者たちの議論の過程を追うと、概要は次のようになる。

- 「固定的な男女の役割分担意識の改革」を一つの「施策」として、ほかの「施策」と横並びで位置づけると、あくまで一つの「施策」でしかなくなり、ほかの「施策」に影響を与えるものにはならない。
- 影響力を行使し、横串を刺すように、ほかの「施策」それぞれに固定的な性別役割分担意識の解消を盛り込むと、複雑、かつわかりづらくなる。「施策」の下の「事業」に位置づける方法もあったが、単体の「事業」となると、具体的な実施方法がむずかしい。
- 男女共同参画プランには、庁内各課がおこなう取り組みが盛り込まれている。男女共同参画の推進を主たる目的としたものだけではないが、各課が少しでもその意識を持って臨めば効果も現れる。そのためには職員一人一人が、「固定的な男女の役割分担意識の改革」を意識することが必要だ。
- 以上のような状況から、「施策」の一つに位置づけるのではなく、男女共同参画推進の鍵となる「固定的な男女の役割分担意識の改革」を、それぞれの「事業」で意識して取り組むことを目的として、「目標実現のための視点」として位置づける。

ざっと経緯をたどってみたが、要するに「固定的な男女の役割分担意識の改革」は、すべての「事業」をおこなううえで持つべき視点として位置づけることが必要である、というのが平塚市の結論である。分担意識の解消をこれだけ熱っぽく議論し、市政に反映しようと試みた例を、あまり知らない。長いあいだ、それは「標語」でしかなかったが、ようやく、現実のものにしようとする模索が始まろうとしている。

その意味で、今後、策定予定の国による第5次男女共同参画基本計画（二〇二一～二〇二五年度）にも、各施策を列挙した「分野」の一つに、例えば「第1分野」として「固定的性別役割分担意識の解消の推進」を掲げてはどうか、と思う。

3　「男女共同参画の視点」をあらゆる分野に

被災地から学んだこと

千葉県のC市から男女共同参画基本計画の策定にあたり、「アドバイザー」をしてほしいという依頼を受け、何回か会議に出席した。最終案がまとまり、最後の会議で私は意見を述べた。最終案の「防災計画づくり」の個所が、「(防災計画の見直しにあたっては)男女双方の視点に配慮した災害対策を進められるよう女性の参画を促進」するとされていたのである。それに対して、次のような趣旨の発言をした。

「男女双方の視点というが、男性の視点とはどういうものか。これまでの防災対応がほとんど男性中心に、すなわち男性の視点でおこなわれてきた経過を考えれば、今後は女性にもっと配慮した視点が必要になる。男女共同参画の視点こそが必要になる」

男女共同参画の視点を説明する際は、防災問題を例に引くのが一番効果的と考えているので、このような話から入ったが、その前に、C市の男女共同参画基本計画は結局どうなったのか。私の指摘が受け入れられ、「男女共同参画の視点に配慮した災害対策……」と変わった。

被災地の現場でいかに男女共同参画の視点が重要かを痛感したのは、二〇一二年一〇月に東日本大震災(二〇一一年三月)の被災地、仙台で監視専門調査会の会議を開き、被害の状況や復興について聞き取り調査をしたのが契機になった。被災地での救済活動にたずさわった人たちの話で、特に印象に残ったものを、要約して列挙してみよう(内閣府・監視専門調査会第一四回議事録から)。

・避難所に行って驚いたのは赤ちゃん、小さな子ども、寝たきりの人、身障者など災害弱者の人たちの姿が消えていたこと。その人たちは避難所が混んでいて入れず、トイレの前に布団を敷いて寝ているような人もいた。避難所に支援物質をもらいに行くと、「お前たちは勝手に出たのだろう」と一喝《いっかつ》されることとも。女性が取り仕切っている避難所は比較的緩《ゆる》かったが、怖い男性が仕切っているところは、ほとんどダメだったという話を聞いている。

・中学校の保健室の先生から、生理用ナプキンはたくさんあるが生理用の下着がないという電話がかかってきて、全校の女子生徒の分四〇〇枚が必要と言われて一生懸命探し、送った。尿漏れパッドが欲しいという声も聞いた。トイレ事情が非常に悪いので、今までは必要としなかった人も必要になってきたが、言い出せなかったようだ。災害時には女性の声を聞いて、それをつなぐ役割をする人が必要だと感じた。

・避難先の体育館では、みんな平らな場所で寝ているのだが、隠れる場所がまったくない。段ボールで仕切りをすることが許されない避難所があったからだ。「ここにいる人たちは皆家族なんだ、皆きょうだいなんだ、だから隠すなんていうことはあり得ない」と言うのだ。朝、目が覚めると、隣に知らない男性が寝ていて、ものすごくびっくりしたとか、寝ている顔を誰に見られるのかわからないのがいやで寝ていられないという声がひそひそと聞こえてきた。着替えをする場所がない、下着を干すところがないといった話も、いやというほど聞いた。だいたいにおいて、避難所運営に女性が参画していないために発生している問題であると感じた。つまりは女性は我慢を強要される、「こんなときに男だ女だと言っている場合じゃないだろう」という大きな声で威圧されるというようなことである。

避難所のあり方

私が一番関心を持ったのは、緊急時は男とか女と言っている場合ではないとか、皆家族、皆きょうだいと言った男性の発言だった。確かに聞こえはいいが、避難所ではそんな一言ではくくれない問題がある。視界を遮断するものもないまま、見る性、見られる性が雑魚寝状態で同居したり、生理的な問題を抱える若い女性、寝たきりの高齢者、身体的な障がいがある人たちが、男性、元気な若者、健常者としばらくのあいだ、ともに過ごすとなれば、それぞれが抱える事情を理解し思いやる態度が欠かせない。

避難所などでは地域の自治会長など、男性が中心になってリーダーシップを取ったケースが多かっただけに、C市の男女共同参画基本計画の最終案を見たとき、「男女双方」、すなわち男性の視点も、とあったので、男女共同参画の視点に書き改めることを要望したのである。被災地での男性の視点は、東日本大震災当時は多すぎるほどあったのではないか、というのが、仙台で監視専門調査会を開催しての私の感想である。

C市での問題提起に対しては、委員のなかからも「例えば災害時に妊産婦をどこで受け入れるかはこれまで検討されてこなかったが、傷病者ではないので避難先での個別対応ということになる。それらを平時から認識しておくことが重要で、参画計画の防災関係に男女共同参画の視点、女性の視点が盛り込まれたのはありがたい」という声があった。

◇

熊本地震（二〇一六年四月）では、東日本大震災時の教訓は活かされたのだろうか。

「熊本地震を経験した「育児中の女性」へのアンケート報告書」（熊本市男女共同参画センターは

あもにい、二〇一八年）によると、避難所の生活で不安・不便を感じたことの上位三つは「集団生活によるストレス」（回答者四五七人中一七四人）、「衛生環境が良くない」（同一六四人）、「子どもが夜泣きする等で迷惑をかけることへの心配」（同一四六人）。「セクハラや性暴力・不審者」におびえた人は、九人だった。わずかとはいえ、性的被害に直面しそうになったことは確かだろう。その根絶が、困難であることは間違いない。

自由回答では、乳幼児を抱えて働く女性たちからの指摘が印象に残った。

「乳幼児を育てる女性は、本当に社会的弱者なのだなと思い知らされた。特に就労しているものは「退職」に追い込まれて、女性一人で泣き寝入りとなった」

「保育園も休園となるため、企業等に対して職場に子どもを連れてくることへの柔軟な対応を促す（必要がある）」

「男性は仕事にいき、女性は仕事をしつつ、育児もほぼ一人で負担するスタイルがこの地震で強くなったと思う。男性も女性も共に育児をしないと、女性は子どもに対して優しくできなくなると思う」

「両親とも仕事があるのに、子どもの預け先がないと休むのは母親という雰囲気があり、そこは夫婦間の理解も必要だが、男性にも子どもが小さい（介護が必要な親がいる）等で、休みを取ったらどうか、と言える職場にできればと思う」

固定的な性別役割分担の否定が前提

このような問題を考えるにあたって大切なのは、男女共同参画の視点である。では、改めて問うことになるが、それは何なのか。この言葉のルーツをたどるには、一九九五年に北京で開催された国連・第四回世界女性会議までさかのぼらなければならない。この会議で採択された、女性の地位向上をうながすアジェンダ（行動計画）である北京行動綱領に、「女性の地位向上を促進するため……、すべての政策及び計画の中心にジェンダーの視点を据える」（第Ⅳ章戦略目標及び行動）という一文がある。意味するところは、あらゆる政策、計画などには男女間の格差の是正や人権の尊重などの視点が据えられていなければならないということだが、国の男女共同参画基本計画にも、この理念は貫かれている。ただ、「ジェンダーの視点」ではなく「男女共同参画の視点」と、「ジェンダー平等」を日本語、「男女共同参画」に置き換えて使用してきた。第1次計画の第2政策分野のタイトルはこうだ。「男女共同参画の視点に立った社会制度・慣行の見直し、意識の改革」。

となると、男女共同参画の視点という日本語のルーツもたどっておく必要がありそうだ。最初に登場したのは北京行動綱領が採択(一九九五年)された翌年、男女共同参画社会基本法が施行(一九九九年)になる三年前の一九九六年一二月、政府が策定した「男女共同参画2000年プラン」だが、明確な定義はしていない。第1次計画の第2政策分野と同じタイトル、「男女共同参画の視点に立った社会制度・慣行の見直し、意識の改革」の施策の説明には「様々な社会制度・慣行について男女平等の視点、生活者の視点に立って見直しを行う」とだけある。「男女共同参画の視点」「男女平等の視点」「生活者の視点」と、三つの視点が登場するわけだが、それらは何かについての個々の説明はない。

2000年プランが公表される五カ月前、一九九六年七月には政府の諮問機関、男女共同参画審議会が「男女共同参画ビジョン」を答申する。そのなかに「女性と男性の固定的な役割分担を前提とした制度・慣行を男女平等の視点に立って見直す」という表現もあるが、こちらには男女共同参画の視点という言葉は登場しない。

男女共同参画の視点について定義らしいものを示したのは第1次計画で、「男女共同参画の視点に立った……」というタイトルの第2政策分野「施策の基本的方向」に次のような文章がある。「女性も男性も固定的な役割分担にとらわれず、様々な活動に参画していける条件を整備していくことが必要である。個人がどのような生き方を選択しても、それに対して中立的に働くよう、社会制度・慣行について個人単位の考え方に改めるなど必要に応じて見直しを行う」。このくだりを見るかぎり、男女共同参画の視点は、固定的な性別役割分担の否定を前提にしたものである。

ジェンダーの視点も男女共同参画の視点も、英語と日本語の違いだけで、意味するところは同じだと、私は考える。男女共同参画基本計画は、国内政策分野は「男女共同参画」で統一し、国際分野の政策は「ジェンダー」という言葉を使っている。第2次計画は「ジェンダー主流化の観点」、第3次、第4次計画は「ジェンダー主流化の推進」「ジェンダー主流化の視点」などが、その使用例だ。ちなみにジェンダーの主流化とは、「あらゆる分野でのジェンダー平等を達成するため、全ての政策、施策及び事業について、ジェンダーの視点を取り込むこと」(「第4次男女共同参画基本計画　用語解説」)である。

駆け足で男女共同参画の視点について見てきたが、この考え方はもっと広く普及し、理解をうながす必要があると思っている。

再び被災地での問題に立ち戻れば、「女は災害時は怪我をしないように後ろに引っ込んで、男のやることを見ていろ」ではなく、男性、女性に対する固定的な見方を捨て去り、対等な立場に立って被災者どうしの困難をどう乗り切るかをいっしょに考える。そのような立場に男女双方が立ってこそ、連帯感も強まる。

東日本大震災時、青森県では特に八戸市、三沢市、階上町、おいらせ町の二市二町が大きな被害を受けた。防災、減災を目指し、それぞれの市町と青森市が合同で委員会を立ち上げ、二〇一二年度から一五年度の四年間、「避難所運営訓練」をおこなった。参加者がそこで認識を深めたのは女性リーダーの必要性、そしていろいろな考え、生活スタイルの人がいるという多様性への配慮などだった。実行委員長を務めた小山内世喜子は、男女共同参画の視点を考慮した防災教育がいかに大切か、実感したと述懐している(「男女共同参画の視点を取り入れた『安心避難所づくり』4年間の取組み記録」、あおもり被災地の地域コミュニティ再生支援事業実行委員会、二〇一六年)。

裁量労働は生活を侵食する?

男女共同参画の視点から、働き方の問題にも目を向けてみよう。

働き方改革関連法が成立し、時間外労働の上限規制が導入される。上限は原則月四五時間、年三六〇時間で、働き方に対し、従来のような行政指導ではなく法の網がかかる(二〇一九年四月施行、中小企業は二〇年四月から)。

法律上は働きやすくなったとはいえ、一方で休日出勤や持ち帰り残業などが増えている。サービス業の拡大で土曜、日曜、祝日に出勤する人が増える。そうしたなかで、男性の家庭参画をどう進めればいいかは大きな問題だ。

「男性の育児・介護と働き方——今後の研究のための論点整理」(労働政策研究・研修機構、二〇一三年)によると、土日、祝日勤務が多い男性ほど、家事・育児を分担している割合が低い。日本の場合、平日は夫は育児参画をしないが、土日や祝日など休日になると家族と積極的に交流している。父親が「週末二日に育児に関われるようにすることは目下の大切な目標」だが、それが困難になれば母親の育児負担はさらに重くなる。

持ち帰り残業も、しかりだ。仕事の時間配分などを働く側に任せる裁量労働が普及すると、仕事を自宅に持ち帰るケースも多くなる。

先の「男性の育児・介護と働き方」調査でも、仕事を自宅に持ち帰る頻度がもっとも高かったのは、男女ともに裁量労働の従事者だった。また、子どもが三歳以上の未就学児と限定すると、女性のほうが男性よりも仕事を持ち帰ることが多く、持ち帰ることが「よくある」男性七・八%に対して、女性は一六・七%だった。

男性の場合、仕事の持ち帰りと未就学児がいるいないは、あまり関係がない。未就学児なしの男性で持ち帰ることが「よくある」人は、同じ、七・八％で、女性は一一・五％だった。

なぜ、自宅に仕事を持ち帰るのか。女性は「家庭の事情などのため職場では残業できないから」が過半数(五二・八％)を占める。男性は一五・八％で、女性と三七ポイントの開きがある。男性の回答率が高い項目は「自宅の方が効率が良いから」(三七・五％、女性は一九・四％)、「自分が納得する成果を出したいから」(三二・二％、同一二・五％)。女性は家庭との両立を模索し、男性は成果を追求するため仕事を家庭に持ち込む傾向がある。特に月間の労働時間が「二〇〇〜二四〇時間未満」「二四〇〜三〇〇時間」と長い人ほどその傾向が強く、男性にとっての仕事の持ち帰りは長時間労働に結びついている。

政府は働き方改革関連法案のなかで、裁量労働制の対象職種の拡大も打ち出したが、根拠となるデータが不適切だったとして除外した。柔軟性、裁量性を高める働き方は経済界からの要望もあり、今後、改めて議論になるのは間違いないが、先の「男性の育児・介護と働き方」調査によると、「仕事と家庭との境界を曖昧にして家庭生活の時間を侵食するというマイナス面も指摘される」。裁量労働制は確かに時間管理を柔軟にするが、「「いつでもどこでも」という働き方を促し、際限のない仕事時間の拡張をもたらす」危険性もある。

新聞記者は、裁量労働制のなかの専門業務型裁量労働制の一つであり、私はそれに長くかかわってきたわけだが、当時を回顧すると、厳しくいうなら仕事と家庭生活の領域をあいまいにし、家庭生活を侵食する一面があったことは否定できない。自宅のほうが気が散らないという理由で、解説記事などをよく家で書いた。しかし「いつでもどこでも」と、裁量が個人に委ねられた働き方は就業意欲を喚起する半面、仕事を持つ妻に余計な負担をかけた可能性がある。今後、議論が活発化するであろう裁量労働制にも、男女共同参画の視点をあて、整理し直す必要がある。

男女ともに「親などの介護」

II章2では、男女雇用機会均等法の施行当時、総合職になれるかどうかの基準の一つが「転勤」だったことを指摘した。いまはどうなっているかも含め、この問題も男女共同参画の視点から考えてみよう。

「企業における転勤の実態に関する調査」(労働政策研究・研修機構、二〇一七年)によると、全国転勤型の女性総合職の場合、「転勤経験者はほとんどいない」と答えた企業が過半数(五一・七%)を占めた。ただ企業規模が大きくなると転勤経験者が増え、従業員が一〇〇〇人以上だと、女性総合職に「転勤経験者はほとんどいない」企業は三五・三％に減少する。男性総合職の場合、正社員数が三〇〇人未満の企業は一五・八％と一割台半ばだが、全体では七・八％であることを考慮すると、転勤は〝男性専科〟とまではいかないが、それに近い実態にある。

女性の転勤事情を結婚しているかどうかでみると、女性転勤者の「ほとんどが未婚者」という割合が国内転勤、海外転勤のいずれも六割前後を占めた。既婚の女性転勤者のうち、「単身赴任者がいる」と企業が答えた割合は、国内転勤ケースで二割、海外転勤は三割だった。

社員が転勤に対して配慮を要望する理由で多いのは、男性は「親等の介護」がトップ。以下「子の就学・受験」「本人の病気」と続く。女性も「親等の介護」がもっとも多く、以下「出産・育児」「結婚」という順番になっている。均等法の制定施行時と異なり、高齢社会の現在は男女を問わず、親の介護問題が転勤をむずかしくしている。

均等法施行当時は、転勤を総合職か一般職のコースわけの〝踏み絵〟にしたが、今は多くの企業が海外も含めた全国転勤がある人、一定の地域ブロック内での転勤がある人、転勤がない人というように、雇用管理区分を用いるようになった。入社時に選択してコースが決められるので、〝踏み絵〟的な要素は薄くなったが、例えば全国転勤型正社員と、転勤リスクが少ない、あるいは転勤なしの勤務地限定正社員とでは年収が異なるなど、格差は残る。両者間に「処遇差はない」と答えた企業は一三％だった。

当然、昇進にも差が出る。勤務地限定正社員のままでは、三社に一社（三四・六％）が「管理職につけない」。部長相当職まで可能な企業は、一割台（一三・七％）だ。

しかし家庭の事情で転勤が不可となれば、勤務地限定正社員への転換を希望することになる。企業側も「理由にかかわらず本人希望で転換可能」（二六・四％）、「転換理由があれば転換可能」（五三・八％）と大半は認めているが、転換を認めない企業も二割弱ほどである。かつて総合職か一般職かで悩んだのは女性だが、いまは男性も、それぞれの家庭事情を背負って転勤に向き合わなければならない。

企業が転勤など社員の異動をおこなう背景には、「適正配置、人材育成、昇進管理、組織活性化など」さまざまな目的がある（「転勤に関する雇用管理のヒントと手法」厚生労働省、二〇一七年）。そのような会社の事情と、社員それぞれの家庭の事情を天秤《てんびん》にかけたとき、どういう判断を下すかが改めて企業に問われる時代になったわけで、だからこそ男女共同参画の視点が存在感を増していると言えるのである。

「男女」か「すべての人」か

第4次男女共同参画基本計画は、「第8分野　貧困、高齢、障害等により困難を抱えた女性等が安心して暮らせる環境の整備」のなかで、性的指向や性同一性障害を理由としてさまざまな困難な状況におかれている女性などが安心して暮らせる環境整備を、男女共同参画の視点に立って進める、としている。

そうしたなか、一般社団法人日本経済団体連合会は二〇一七年、「ダイバーシティ・インクルージョン社会の実現に向けて」と題する報告書を公表し、L(レズビアン、女性同性愛者)、G(ゲイ、男性同性愛者)、B(バイセクシュアル、両性愛者)、T(トランスジェンダー、心と身体の性の不一致を感じている人々)に対する理解を求めた(以下、「LGBT等」と表記)。性的少数者である彼らを、「身近な存在」として周囲が進んで理解し、「多様な存在」として社会が認識・受容する社会の必要性を訴えた。

私も都内のいくつかの区で男女共同参画基本計画の策定にあたり、この問題を当事者と議論したりして、計画に取り込んだ。

むずかしかったのはT、すなわち身体上の性と性自認が異なるトランスジェンダーの人たちをどう考えるかで、東京都世田谷区で議論したときは「男女」だけの範疇《はんちゅう》でくくらないでほしいと、当事者である委員から意見が出た。といって、「男性、女性、その他」ではあまりにも失礼である。「男女」のほかに「多様な性を持つ個人」という言葉を並列しておいてほしいという提案も出た。

いろいろ議論を重ねたが、結局、世田谷区の第二次男女共同参画プランの「基本理念」の文章だけは、「一人ひとりの人権が尊重され、自らの意思にもとづき、個性と能力を十分発揮できる、男女共同参画社会の実現」と、「男女共同参画社会」はそのまま使用したが、ほかは男女という言葉は使わなかった（世田谷区はその後、二〇一八年四月施行の、「世田谷区多様性を認め合い男女共同参画と多文化共生を推進する条例」のなかでは、男女共同参画とは「性別等にかかわらず、全ての人が、自らの意思によって社会のあらゆる分野における活動に参画する機会が確保され、政治的、経済的、社会的及び文化的利益を享受することができることをいう」と、「男女」ではなく「全ての人」という言葉で新たに定義している）。

男女共同参画社会の形成とは、「男女」が、「社会の対等な構成員として、自らの意思によって社会のあらゆる分野における活動に参画する機会が確保され」ることである（男女共同参画社会基本法第二条）。地方自治体が男女共同参画関連の推進条例などに、多様な性自認や性的指向を追加するにあたって、条文は男女共同参画社会基本法の定義を変更しないままにするのか、変更するのかは頭を悩ます問題である。

世田谷区の第二次男女共同参画プランでは、「基本理念」だけは男女という言葉は使わなかったが、それ以外は基本法の定義を変更しないで使用した。渋谷区はLGBT等の問題に早くから取り組んできたが、渋谷区男女平等及び多様性を尊重する社会を推進する条例は、「男女の人権を尊重する社会を推進する」(第三条)というように、やはり基本法の定義に沿った表現になっている。

それとは逆に、「男女」を使用しなかった自治体が、東京都の国立市だ。二〇一八年四月に施行した国立市女性と男性及び多様な性の平等参画を推進する条例第二条は「男女平等参画」を、「全ての人が、性別、性的指向、性自認等にかかわりなく個人として尊重され、その個性と能力を発揮し、社会のあらゆる分野における活動に参画することをいう」と定義。条文は「男女平等参画」「男女平等参画社会」「男女平等参画意識の形成」「男女平等参画の視点」「男女平等参画の推進」以外は、「男女」を「全ての人」という言葉に置き換えている。

男女二元論に限界?

詳細は後に説明するが、私が現時点(二〇一八年一二月)でかかわっているのは、東京都豊島区の条例だ(二〇一九年二月に条例案を議会提出)。

お互いを人生のパートナーとし、経済的、物理的、精神的に協力し合うことを約束した「一方又は双方が多様な性自認及び性的指向」のカップルであることを届け出るパートナーシップ制度に関する条例を新たにつくることはせず、男女共同参画推進条例を改正し、そのなかにこの制度を規定したものである。その過程で、男女共同参画の委員会で議論になったことの一つが、世田谷区の第二次男女共同参画プラン策定時でも取りあげられた「男、女」という表記の問題だった。

どうしても「男女」は使わないとなれば、「誰もが」とか「すべての人」などで代替できるが、そうなると例えば「男女差別の根絶」と書けない分、そちらの問題意識の希薄化を懸念する声が一部の委員から出た。これらに関し、現時点では国の指針がないだけに、自治体はどう表現するかで苦慮していることを指摘しておきたい。

豊島区は、基本的な考え方として「男女」の記載を「すべての人」に置き換えた。「性別」という表現も、男女のみを規定しているので、「性別等」に改め、そのなかに多様な性自認、性的指向の人たちを含めた。「すべての人が個人として尊重され、性別等による差別的な取扱いを受けることがないよう必要な措置を講ずること」「あらゆる分野の活動の意思決定過程において、すべての人に参画する機会の格差が生ずることのないよう必要な措置を講ずること」……というように。

世田谷区や豊島区での議論を通じて思うのは、今、男女二元論が限界を迎えているということだ。男女の枠内で収まりきれない人がいる以上、「少数派」などの位置づけではなく、多元的な議論が必要になる。男女共同参画に熱心に取り組んできた人ほど、「男女」を「すべての人」に置き換えることで、男女差別の概念があいまいになることを不安視する傾向があるようにも思えた。そういった人たちには、男女二元論の限界を述べることで理解、納得してもらったが、今後、他の自治体でもこの問題は検討課題になることは間違いない。

パートナーシップ制度を採用

LGBT等の問題をさらに掘り下げるために、後で説明するとしたパートナーシップ制度の問題に視点を移そう。この制度はおもにLGBT等を対象に、同性カップル、あるいはお互いを人生のパートナーとした性的少数者のカップルであることを証明する制度である。

二〇一八年一二月時点でこの制度を導入している自治体は、東京都の渋谷区、世田谷区、中野区のほか、三重県伊賀市、兵庫県宝塚市、沖縄県那覇市、札幌市、福岡市、大阪市の九自治体。渋谷区は先の、渋谷区男女平等及び多様性を尊重する社会を推進する条例のなかに盛り込んでいるが、ほかの八自治体は「要綱」(行政の内部事務の取り扱いを定めたもので、法的拘束力はない)で規定している。

二〇一五年に世田谷区が制定した、世田谷区パートナーシップの宣誓の取扱いに関する要綱は、同性カップルが自由な意志でおこなうパートナーシップの宣誓に関することを定めたものである。「パートナーシップの宣誓」とは、区長に対して「同性カップル」であることを宣誓すること。双方が二〇歳以上、区内に住所を有する、あるいは一方が有し、他の一方が転入を予定している――などが条件になる。

「同性カップル」にとって、これは公的認知の第一歩で、自治体によっては公営住宅に入居申し込みができる、公営の病院で家族同様の扱いを受けられるなどのプラス面がある。

九自治体のうち、多く(六自治体)は「戸籍上の性別が同一」(渋谷区、中野区、那覇市)、「互いをその人生のパートナーとして、生活を共にしている、又は共にすることを約した性を同じくする2人の者」(世田谷区、宝塚市。伊賀市は「性を同じくする」を「同性の」としている)という同性愛のカップル、すなわちＬＧＢ等(Ｂ、バイセクシュアルは必ずしも同性カップルにならないケースもある)が対象だ。

札幌市、福岡市、大阪市は「同性カップル」だけに限定せず、「性的マイノリティ」として、Tであるトランスジェンダーも含めている。三市のパートナーシップとは次のようなものだ。「(経済的、物理的、精神的に相互に協力し合うことを約した)一方又は双方が性的マイノリティである2人の者の関係」(札幌市)、「(互いを人生のパートナーとして継続的な共同生活を行っている、またはそれを約した)一方又は双方が性的マイノリティ(典型的とされていない性自認や性的指向を持つ者をいう。)である2人の者の関係」(福岡市)、「(互いを人生のパートナーとし、日常生活では相互に協力し合うことを約した)その一方又は双方が性的マイノリティであるもの」(大阪市)。

私が策定にかかわっている、豊島区の場合はどうか。

パートナーシップの条例を新たにつくるのではなく、先に述べたように豊島区男女共同参画推進条例を改正し、そのなかにパートナーシップ制度を規定する、としている。その過程で議論になった一つが、先に紹介した「男女」という表記の問題で、「すべての人」に置き換えたわけである。またこの制度の対象者にはLGBだけではなくTであるトランスジェンダーの人たちも入っている。

パートナーシップ関係にある場合

パートナーシップ関係にあるという証明は、世田谷区、中野区、伊賀市、宝塚市、札幌市、福岡市、大阪市の七自治体が、宣誓方式を取っている。パートナーシップ宣誓書を区長、あるいは市長に提出し、自治体は宣誓書の写し、受領書を交付する。

渋谷区は証明方式。区長にパートナーシップの申請をおこない、区は審査後、その関係にあることを記載した証明書を交付する。公正証書を作成するには、費用が数万円かかる。

那覇市は登録申請書に必要書類を添付し、市長に申請する登録方式だ。

豊島区は、まだ例がない届け出方式を採用する。区長にパートナーシップ届を出すと、区が受理簿に記載し、パートナーシップ届受理証明書を交付する。

パートナーシップ制度を男女共同参画の条例のなかに位置づけているのは渋谷区で、豊島区は、それに続くことになる。なお要綱と異なり、議会の議決で決まる条例は法規であり、義務を課したり権利を制限したりする力を持つ。豊島区の条例は渋谷区と異なり、「男女」を「すべての人」に置き換え、パートナーシップ制度の対象者にトランスジェンダーの人たちも含めたという点で、視野を拡大したことになるだろう。

在日米国商工会議所の意見

ほかにもパートナーシップ制度の導入を検討している自治体があり、今後、この制度はさらに広まっていくのではないか。その思いを強くしたのが、在日米国商工会議所の動きだった。二〇一八年九月に「日本で婚姻の平等を確立することにより人材の採用・維持の支援を」(Support the Recruitment and Retention of Talent by Instituting Marriage Equality in Japan)と題した提言をまとめ、日本政府に対して、LGBTカップルにも婚姻の権利を認めることを提言するという意見書を出した。

「日本は国家レベルでLGBTの差別禁止の方針を採用しておらず、LGBTカップルは婚姻に関して法的保護を受けていない」「日本を除くG7(主要七カ国首脳会議)参加国において婚姻の平等または同性パートナーシップが認められている」と訴え、婚姻を認めることで「日本でビジネスを行う企業が、生産性を最大化するための職場環境の基礎的要素である、人材の採用や維持、そして多様な従業員の公平な処遇において直面している障害を取り除くことができる」という。

連合(日本労働組合総連合会)がおこなった「LGBTに関する職場の意識調査」(二〇~五九歳の有職男女一〇〇〇人対象、二〇一六年)によると、LGBT当事者は八%(LGB三・一%、T一・八

%、他者に恋愛感情、性的感情を抱かないアセクシュアル、無性愛者二・六%、その他〇・五%）。さらに電通ダイバーシティ・ラボの調査（二〇一五年）では、LGBT層は七・六%（調査対象約七万人）だった。

プロセスとゴール

LGBTをめぐる議論などを紹介したが、〝マイノリティ〟として生活上の困難に陥りやすい人々は、ほかにもいる。身体的な障がいがある人、日本で働き暮らす外国人などに加え、高齢者、そして非正規雇用として働き、生活困難に直面している女性、ひとり親……。彼ら、彼女らが直面する課題とどう向き合うかを考えるとき、国の男女共同参画基本計画は、「男女共同参画の視点に立ち」（第4次計画）という言葉を添えてきた。

この本では男女間に潜む問題を明らかにすることで、男女共同参画社会の実現に向けての課題を提起してきたが、今後は「新たなステージに向けて」、男女二元論にとどまらず、多元的な視野から考える必要性があることも改めて強調しておく。

男女共同参画の視点に立ってこうした問題を主流化する、すなわち政策の上位に位置づけて問題の解決を図るというプロセス抜きには、男女共同参画社会の実現はむずかしい。その意味で言うなら、今、もっとも主流化しているのは女性の活躍推進である。ジェンダーの主流化が、ジェンダー平等（男女平等）の達成につながる。その図式にしたがえば、女性活躍推進の主流化は男女共同参画社会の実現というゴールに向けたプロセス、あるいは手段の一つなのである。この点は、十分な理解と認識が必要だ。

◇

「新たなステージに向けて」と題したこの章の1〜3で取り上げた三つの課題、「自らの意思」「固定的な性別役割分担意識の解消」「男女共同参画の視点」は、いずれもゴール到達に向けての重要課題である。男女雇用機会均等法施行前後の第一波の時代に、「固定的な性別役割分担意識の解消」は議論の俎上《そじょう》にのぼらなかったわけではないが、十分なものではなかった。ほかの二点は、男女共同参画社会基本法施行後のものであり、第二波とされる現代の課題である。

なお「男女共同参画の視点」のほかに、政府は新たに「女性活躍の視点」という言葉もつくり、両者を使いわけている。「女性活躍加速のための重点方針2018」から例を引けば、「女性活躍の視点」は、「働きたい女性が不便さを感じ、働く意欲が阻害されることがないよう……制度等を整備」するうえで立脚すべき視点であり、また「男女共同参画の視点」は「防災・復興の取組」に際して、重要であると位置づけている。

前者は職業生活での活躍推進にもとづく視点であり、経済政策を意味するものだ。「女性活躍の視点に立った制度等を整備していくことが重要」としている。後者は「「男女共同参画の視点からの防災・復興の取組指針」(内閣府男女共同参画局、二〇一三年)にもとづくもので、人権尊重の社会政策の意味合いが濃い。

女性の活躍推進が男女共同参画社会基本法の基本理念にのっとったものである以上、男女共同参画の視点に統一した議論の進行が必要ではないか、と私は考えている。

おわりに

思えばほぼ半世紀にわたって、女性の生き方、働き方などに、仕事として向き合ってきた。そしてそれは、当然のことながら男性としての、すなわち私自身の生き方、社会の対応の仕方を問うものでもあった。この半世紀で、男女平等は変わってきたのかどうか——。

『商社の女性は今』という小冊子が手元にある。発行年は一九八四年。男女雇用機会均等法の制定一年前、今から三十数年前のものである。「男女差別賃金をなくす大阪連絡会 商社グループ」という組織がまとめたもので、そのなかに「あなたはどんな時に男女差別をかんじますか」という質問がある。当時、商社で働いていた女性たちが次のような自由回答を寄せている。

①女性より業務知識のない男性でも、どんどん給料やボーナスに差がついたとき
②電話で〝うちの女の子〟といわれたとき
③業界が保守的なので、補助職の域を出られないとき
③お給料をもらったとき
⑤電話がかかってきて、「誰かいないかー」「男の人に代わって」と言われたとき

⑤年下の男性から〝コピー〟と命令されたとき
⑦課内会議に出席できず、一方的に何かを決められたとき
⑧書類などを目の前へ放りなげられたとき
①の賃金格差などは別として、ほかの女性蔑視の対応や言葉は、いまの職場では死滅とまではいかないまでも、ほぼなくなったのではないか。そう思いつつも確認したくなり、日本労働組合総連合会の、ある産業別組織での講演会終了後の懇親会で、出席していた女性委員十数人に先に掲げたものがいまも存在するのか、経験したかどうかたずねてみた。驚いたことに、『商社の女性は今』に載っていた項目すべてに「〇」がついた。項目の上の番号は「〇」が多かった順番で、同数が二カ所あるのは、「〇」の数が同じだったという意味である。

三十数年前と、あまり変わっていないのではないか、というのが結論だが、そう思わせる出来事もあった。二〇一八年に複数の大学の医学部で、男子優遇の合格基準を設定していることが判明した。ある医学系大学では入学試験で女子受験生の得点から一律減点をおこない、合格者数を抑制していた。受験の公平性などあったものではないが、新聞報道によると、女性医師は出産や子育てを機に退職する人が多いことからでもあるらしい。医師不足対策とはいえ、あまりにも身勝手な、男性中心型の発想以外の何ものでもない。

第4次男女共同参画基本計画は、妊娠、出産などで女性医師がキャリアを中断しなくてもすむ対応策として、復職支援や短時間勤務、当直等に配慮するなど勤務体制の柔軟化、チーム医療の推進、複数主治医制の導入、地域の医療機関との連携などを提言している。医療の分野もほかの事業所同様、育児や介護と仕事の両立に配慮した勤務体制などが必要だが、一部の医学系大学では入り口の段階で一部の女子学生を切ってしまっていた。

『商社の女性は今』に掲載された男女差別は、職場環境が男性中心型ゆえの、女性を見下したうえでの言動である。男女は「均等」だ、ともに「参画」しよう、女性に「活躍」してもらわないと、などと言ったところで、三十数年前の差別的な言動が続いている、というのでは、真の「活躍」など期待できない。

医学部の男子の合格率が女子を上まわっている背景には、この本で問題提起をおこなった「仕事」と「家庭」の力学の問題が潜む。女性医師は出産後、育児をしながらきちんと医療行為に携われるのか、できないなら医療は男に任せろ、と、いうわけだろうが、今はそのような時代ではない。女性医師の育児負担の重さが彼女らを医療の現場から遠ざけるのであれば、男性医師も、いや医療業界全体がそれをどうしたら軽減できるかを考える必要がある。

そして、いまこそ固定的な性別役割分担意識を解消し、男女双方、「自らの意思」が尊重される社会をつくらなければならない。この半世紀、新聞記者、大学教員として、さらには内閣府での議論等で私が主張してきたことは、せんじ詰めれば、このようにまとめることができる。

多くの女性、そして私の最愛の娘も「しかりだった」が、「自らの意思」を発揮しながら仕事に向き合っている、そして「いた」ことを感じる。むろん「自らの意思」は女性だけのものではない。男性にとっても大事であり、当然のことながら、私もしかりである。

とはいっても、それを発揮し、尊重される社会をつくるのは容易ではない。だからこそ、それぞれが「自らの意思」を念頭に置いて、暮らしを、仕事をながめ、再考する必要がある。そのような積み重ねが、性役割を固定的に考えない男女共同参画社会の形成につながると思う。

個人的なことになるが、高齢者の仲間入りをした私も、老後のあり方をこのような視点から再考したいと思っている。この本がこうした問題を考えるうえでの一助になれば幸いである。

最後になったが、本書を執筆するうえで、岩波新書編集部の坂本純子さんに世話になったことを謝意を添え、記しておく。

鹿嶋 敬
1945年生まれ．63年，高校卒業と同時に日立製作所国分工場入社．64年7月同工場退社．65年千葉大学文理学部入学．69年卒業，日本経済新聞社入社．編集局生活家庭部長，編集局次長兼文化部長，編集委員，論説委員などを経て2005年から実践女子大学人間社会学部教授．15年から一般財団法人女性労働協会会長．
2005年から17年まで政府の諮問機関，男女共同参画会議議員．第4次男女共同参画基本計画・計画策定専門調査会会長．監視専門調査会会長なども務めた．
著書に『男と女 変わる力学』『男の座標軸』『男女共同参画の時代』(以上，岩波新書)，『男女摩擦』『雇用破壊 非正社員という生き方』(以上，岩波書店)，『恵里子へ――結納式の10日後，ボリビアで爆死した最愛の娘への鎮魂歌』(日本経済新聞出版社)，『男女平等は進化したか』(新曜社)などがある．

なぜ働き続けられない？ 社会と自分の力学
岩波新書(新赤版)1756

2019年1月29日 第1刷発行

著 者 鹿嶋《かしま》 敬《たかし》

発行者 岡本 厚

発行所 株式会社 岩波書店
〒101-8002 東京都千代田区一ツ橋2-5-5
案内 03-5210-4000 営業部 03-5210-4111
http://www.iwanami.co.jp/

新書編集部 03-5210-4054
http://www.iwanamishinsho.com/

印刷・三陽社 カバー・半七印刷 製本・中永製本

ISBN 978-4-00-431756-2 Printed in Japan

岩波新書新赤版一〇〇〇点に際して

ひとつの時代が終わったと言われて久しい。だが、その先にいかなる時代を展望するのか、私たちはその輪郭すら描きえていない。二〇世紀から持ち越した課題の多くは、未だ解決の緒を見つけることのできないままであり、二一世紀が新たに招きよせた問題も少なくない。グローバル資本主義の浸透、憎悪の連鎖、暴力の応酬――世界は混沌として深い不安の只中にある。

現代社会においては変化が常態となり、速さと新しさに絶対的な価値が与えられた。消費社会の深化と情報技術の革命は、種々の境界を無くし、人々の生活やコミュニケーションの様式を根底から変容させてきた。ライフスタイルは多様化し、一面では個人の生き方をそれぞれが選びとる時代が始まっている。同時に、新たな格差が生まれ、様々な次元での亀裂や分断が深まっている。社会や歴史に対する意識が揺らぎ、普遍的な理念に対する根本的な懐疑や、現実を変えることへの無力感がひそかに根を張りつつある。そして生きることに誰もが困難を覚える時代が到来している。

しかし、日常生活のそれぞれの場で、自由と民主主義を獲得し実践することを通じて、私たち自身がそうした閉塞を乗り超え、希望の時代の幕開けを告げてゆくことは不可能ではあるまい。そのために、いま求められていること――それは、個と個の間で開かれた対話を積み重ねながら、人間らしく生きることの条件について一人ひとりが粘り強く思考することではないか。その営みの糧となるものが、教養に外ならないと私たちは考える。歴史とは何か、よく生きるとはいかなることか、世界そして人間はどこへ向かうべきなのか――こうした根源的な問いとの格闘が、文化と知の厚みを作り出し、個人と社会を支える基盤としての教養となった。まさにそのような教養への道案内こそ、岩波新書が創刊以来、追求してきたことである。

岩波新書は、日中戦争下の一九三八年一一月に赤版として創刊された。創刊の辞は、道義の精神に則らない日本の行動を憂慮し、批判的精神と良心的行動の欠如を戒めつつ、現代人の現代的教養を刊行の目的とする、と謳っている。以後、青版、黄版、新赤版と装いを改めながら、合計二五〇〇点余りを世に問うてきた。そして、いままた新赤版が一〇〇〇点を迎えたのを機に、人間の理性と良心への信頼を再確認し、それに裏打ちされた文化を培っていく決意を込めて、新しい装丁のもとに再出発したいと思う。一冊一冊から吹き出す新風が一人でも多くの読者の許に届くこと、そして希望ある時代への想像力を豊かにかき立てることを切に願う。

（二〇〇六年四月）

法律

カラー版

岩波新書より

経済

社会

岩波新書より

食と農でつなぐ 福島から　塩谷弘康・岩崎由美子
過労自殺〔第二版〕　川人 博
金沢を歩く　山出 保
ドキュメント 豪雨災害　稲泉 連
ひとり親家庭　赤石千衣子
女のからだ フェミニズム以後　荻野美穂
〈老いがい〉の時代　天野正子
子どもの貧困 Ⅱ　阿部 彩
性と法律　角田由紀子
ヘイト・スピーチとは何か　師岡康子
生活保護から考える　稲葉 剛
かつお節と日本人　宮内泰介・藤林 泰
家事労働ハラスメント　竹信三恵子
福島原発事故 県民健康管理調査の闇　日野行介
電気料金はなぜ上がるのか　朝日新聞経済部
おとなが育つ条件　柏木惠子
在日外国人〔第三版〕　田中 宏
まち再生の術語集　延藤安弘

震災日録 記憶を記録する　森まゆみ
原発をつくらせない人びと　山秋 真
社会人の生き方　暉峻淑子
構造災 科学技術社会に潜む危機　松本三和夫
家族という意志　芹沢俊介
ルポ 良心と義務　田中伸尚
飯舘村は負けない　千葉悦子・松野光伸
夢よりも深い覚醒へ　大澤真幸
子どもの声を社会へ　桜井智恵子
就職とは何か　森岡孝二
日本のデザイン　原 研哉
ポジティヴ・アクション　辻村みよ子
脱原子力社会へ　長谷川公一
希望は絶望のど真ん中に　むのたけじ
福島 原発と人びと　広河隆一
アスベスト 広がる被害　大島秀利
原発を終わらせる　石橋克彦編
日本の食糧が危ない　中村靖彦
勲章 知られざる素顔　栗原俊雄

希望のつくり方　玄田有史
生き方の不平等　白波瀬佐和子
同性愛と異性愛　風間 孝・河口和也
贅沢の条件　山田登世子
新しい労働社会　濱口桂一郎
世代間連帯　上野千鶴子・辻元清美
道路をどうするか　五十嵐敬喜・小川明雄
子どもの貧困　阿部 彩
子どもへの性的虐待　森田ゆり
戦争絶滅へ、人間復活へ　むのたけじ 聞き手 黒岩比佐子
テレワーク 「未来型労働」の現実　佐藤彰男
反貧困　湯浅 誠
不可能性の時代　大澤真幸
地域の力　大江正章
グアムと日本人 戦争を埋立てた楽園　山口 誠
少子社会日本　山田昌弘
親米と反米　吉見俊哉
「悩み」の正体　香山リカ

岩波新書より

自動車の社会的費用　宇沢弘文

岩波新書より

現代世界

- トランプのアメリカに住む　吉見俊哉
- ライシテから読む現代フランス　伊達聖伸
- ベルルスコーニの時代　村上信一郎
- イスラーム主義　末近浩太
- ルポ 不法移民 アメリカ国境を越えた男たち　田中研之輔
- 習近平の中国 百年の夢と現実　林　望
- 日中漂流　毛里和子
- 中国のフロンティア　川島　真
- シリア情勢　青山弘之
- ルポ トランプ王国　金成隆一
- ルポ 難民追跡 バルカンルートを行く　坂口裕彦
- アメリカ政治の壁　渡辺将人
- プーチンとG8の終焉　佐藤親賢
- 香港 中国と向き合う自由都市　倉田　徹／張イクマン
- 〈文化〉を捉え直す　渡辺　靖
- イスラーム圏で働く　桜井啓子編
- 中南海 知られざる中国の中枢　稲垣　清
- フォト・ドキュメンタリー 人間の尊厳　林　典子
- ㈱貧困大国アメリカ　堤　未果
- 女たちの韓流　山下英愛
- 新・現代アフリカ入門　勝俣　誠
- 中国の市民社会　李　妍焱
- 勝てないアメリカ　大治朋子
- ブラジル 跳躍の軌跡　堀坂浩太郎
- 非アメリカを生きる　室　謙二
- ネット大国中国　遠藤　誉
- 中国は、いま　国分良成編
- ジプシーを訪ねて　関口義人
- 中国エネルギー事情　郭　四志
- アメリカン・デモクラシーの逆説　渡辺　靖
- ユーラシア胎動　堀江則雄
- オバマ演説集　三浦俊章編訳
- ルポ 貧困大国アメリカII　堤　未果
- オバマは何を変えるか　砂田一郎
- イスラエル　臼杵　陽
- ネイティブ・アメリカン　鎌田　遵
- アフリカ・レポート　松本仁一
- ヴェトナム新時代　坪井善明
- イラクは食べる　酒井啓子
- ルポ 貧困大国アメリカ　堤　未果
- エビと日本人II　村井吉敬
- 北朝鮮は、いま　北朝鮮研究学会編／石坂浩一監訳
- 欧州連合 統治の論理とゆくえ　庄司克宏
- バチカン　郷　富佐子
- 国際連合 軌跡と展望　明石　康
- アメリカよ、美しく年をとれ　猿谷　要
- 日中関係 戦後から新時代へ　毛里和子
- いま平和とは　最上敏樹
- 「民族浄化」を裁く　多谷千香子
- サウジアラビア　保坂修司
- 中国激流 13億のゆくえ　興梠一郎

福祉・医療

賢い患者	山口育子
ルポ 看護の質	小林美希
健康長寿のための医学	井村裕夫
不眠とうつ病	清水徹男
在宅介護	結城康博
和漢診療学 あたらしい漢方	寺澤捷年
不可能を可能に 点字の世界を駆けぬける	田中徹二
医と人間	井村裕夫編
医療の選択	桐野高明
納得の老後 日欧在宅ケア探訪	村上紀美子
移植医療	橳島次郎 出河雅彦
医学的根拠とは何か	津田敏秀
転倒予防	武藤芳照
看護の力	川嶋みどり
心の病 回復への道	野中猛
重い障害を生きるということ	髙谷清
肝臓病	渡辺純夫
感染症と文明	山本太郎
ルポ 認知症ケア最前線	佐藤幹夫
医の未来	矢﨑義雄編
パンデミックとたたかう	押谷仁 瀬名秀明
健康不安社会を生きる	飯島裕一編著
介護 現場からの検証	結城康博
腎臓病の話	椎貝達夫
がんとどう向き合うか	額田勲
がん緩和ケア最前線	坂井かをり
人はなぜ太るのか	岡田正彦
児童虐待	川﨑二三彦
生老病死を支える	方波見康雄
医療の値段	結城康博
認知症とは何か	小澤勲
障害者とスポーツ	高橋明
生体肝移植	後藤正治
放射線と健康	舘野之男
定常型社会 新しい「豊かさ」の構想	広井良典
健康ブームを問う	飯島裕一編著
血管の病気	田辺達三
医の現在	高久史麿編
日本の社会保障	広井良典
居住福祉	早川和男
高齢者医療と福祉	岡本祐三
看護 ベッドサイドの光景	増田れい子
医療の倫理	星野一正
体験ルポ 世界の高齢者福祉	山井和則
リハビリテーション	砂原茂一
指と耳で読む	本間一夫
自分たちで生命を守った村	菊地武雄

岩波新書より

環境・地球

水の未来　沖 大幹
異常気象と地球温暖化　鬼頭昭雄
エネルギーを選びなおす　小澤祥司
欧州のエネルギーシフト　脇阪紀行
グリーン経済最前線　井田徹治・末吉竹二郎
低炭素社会のデザイン　西岡秀三
環境アセスメントとは何か　原科幸彦
生物多様性とは何か　井田徹治
キリマンジャロの雪が消えていく　石 弘之
イワシと気候変動　川崎 健
森林と人間　石城謙吉
世界森林報告　山田 勇
地球の水が危ない　高橋 裕
地球環境報告Ⅱ　石 弘之
地球温暖化を防ぐ　佐和隆光
地球環境問題とは何か　米本昌平
地球環境報告　石 弘之
国土の変貌と水害　高橋 裕
水俣病　原田正純

情報・メディア

K-POP 新感覚のメディア　金 成玟
メディア不信 何が問われているのか　林 香里
グローバル・ジャーナリズム　澤 康臣
キャスターという仕事　国谷裕子
読んじゃいなよ！　高橋源一郎編
読書と日本人　津野海太郎
スポーツアナウンサー 実況の真髄　山本 浩
戦争と検閲 石川達三を読み直す　河原理子
NHK〔新版〕　松田 浩
震災と情報　徳田雄洋
メディアと日本人　橋元良明
本は、これから　池澤夏樹編
デジタル社会はなぜ生きにくいか　徳田雄洋
ジャーナリズムの可能性　原 寿雄
ITリスクの考え方　佐々木良一
ユビキタスとは何か　坂村 健
ウェブ社会をどう生きるか　西垣 通
報道被害　梓澤和幸
メディア社会　佐藤卓己
現代の戦争報道　門奈直樹
未来をつくる図書館　菅谷明子
メディア・リテラシー　菅谷明子
職業としての編集者　吉野源三郎
本の中の世界　湯川秀樹
私の読書法　大内兵衛・茅 誠司